배려 윤리와 도덕 교육

박병춘 지음

울력

ⓒ박병춘, 2002

배려 윤리와 도덕 교육

지은이 | 박병춘

펴낸이 | 강동호

펴낸곳 | 도서출판 울력

1판 1쇄 | 2002년 5월 25일

1판 2쇄 | 2010년 2월 10일

등록번호 | 제10-1949호(2000. 4. 10)

주소 | 152-889 서울시 구로구 오류1동 11-30

전화 | (02) 2614-4054

FAX | (02) 2614-4055

E-mail | ulyuck@hanmail.net

값 | 10,000원

ISBN 89-89485-11-8 93370

머리말

어머니들이 우리에게 베풀어 주신 따뜻한 배려는 배려의 이상적인 모델로서 우리의 삶을 유지시켜 주는 필수적인 자양분이다. 우리는 어머니를 포함한 많은 사람들로부터 배려를 받고 있을 뿐만 아니라 타인을 배려하면서 살고 있고, 이를 통해 타인들과 인간 관계를 형성, 유지해 가고 있다. 이처럼 배려는 우리의 개인적인 삶뿐만 아니라 인간 관계를 유지시켜 주고 더 나아가 도덕적인 사회의 실현을 위한 초석이 되고 있다. 우리 모두가 배려의 도덕적 가치와 중요성을 인식하고, 특정한 사람에게만 배려의 책임과 의무를 부과하기보다는 자신이 먼저 타인을 배려하고, 배려의 대상과 범위를 낯선 타인에게로까지 멀리 확대해 나갈 때 도덕적인 사회가 가능해질 수 있을 것이다.

오늘날 우리 사회는 이와는 상반된 모습을 보여 주고 있다. 많은 사람들은 배려를 여성들의 전유물로 이해하거나 부모나 타인들로부터 받은 배려는 당연시하면서도 자신의 타인에 대한 배려 의무는 인식하지 못한다. 즉 자신은 타인들로부터 배려를 받고 싶어하면서도 정작 자신은 타인을 배려하지 않거나 자신의 권리나 이익만을 먼저 고려하고 타인에게는 무관심한 모순된 모습을 보이고 있다. 그 결과 우리 사회는 도덕적 무관심, 이기주의, 개인간의 단절과 고립, 기본적인 인간 관계의 붕괴 등과 같은 도덕적 문제들에 직면하고 있다. 이러한 점들을 고려해 볼 때 위에서 언급한 우리 사회의 도덕적 문제들은 배려에 대한 잘못된 태도와 타인에 대한 배려의 부족에서 비롯된 것이라고 할 수 있다.

오늘날 우리 사회의 도덕적 문제의 직접적 원인이라 할 수 있는 타인에 대한 배려가 부족하게 된 데에는 개인의 자유와 권리를 우선하는 서구의 자유주의 사상 및 자유주의적인 도덕 교육의 영향이 크다. 타인의 권리를 부당하게 침해하지 않는 한 자신의 권리를 극대화하는 것이 정당한 도덕적 행동으로 인식되는 자유주의적 도덕 관점에서 보면 타인에 대한 배려는 도덕적 책임 영역 밖의 문제일 뿐만 아니라 비합리적인 것으로 이해될 수 있기 때문에 타인에 대한 배려보다는 정당한 자신의 권리 주장이 더 우선시된다. 따라서 타인에 대한 배려나 관심은 약화될 수밖에 없다.

또 서양의 자유주의 윤리학에 기초한 콜버그의 인지 도덕 발달론적 관점을 중시하는 우리나라 도덕 교육에서는 도덕적 판단 능력을 지닌 합리적이고 자율적인 사람을 이상적인 도덕적 인간상으로 설정하고 있다. 즉 타인에 대한 사랑과 동정심, 따뜻한 마음을 지닌 배려적인 인간보다는 타인의 권리를 존중해 주면서 자신의 권리를 주장할 수 있는 냉철한 이성적인 사람을 양성하는 것을 도덕 교육의 목표로 설정하고 있다. 도덕 교육이 이처럼 인지 도덕 발달론적인 관점에서만 이루어진다면 도덕 교육 역시 타인에 대한 배려나 관심을 증진시키기는 힘들 것이다.

저자는 이러한 상황에서 우리 사회를 배려하는 사회로 만들기 위해 서는 먼저 학교에서부터 배려에 대한 교육을 강화하고 이를 통해서 장 차 사회적 차원에서 배려나 타인에 대한 관심을 증진시킬 수 있는 방 안을 마련하는 것이 바람직하다고 본다. 저자는 이러한 문제 의식을 가지고 배려 윤리와 도덕 교육을 주제로 하여, 먼저 배려 윤리를 도덕 심리학적 입장과 윤리학적 입장에서 조명하고, 배려 윤리에 기초한 도 덕 교육의 방향을 모색해 보고자 했다.

원래 이 책은 우리 사회의 도덕적 문제를 해결하는 하나의 방법으 로서 배려 윤리를 도덕 교육의 관점에서 접근했던 저자의 박사 학위 논문(「보살핌윤리의 도덕교육적 접근연구」)을 전체적으로 수정 보완한 것이다. 책으로 출간하기에는 여러 가지로 부족한 점이 많은 논문이 지만 아직까지 국내에 배려 윤리를 체계적으로 소개한 논문이나 이론서 가 없기 때문에 이에 대한 본격적인 논의를 위해서는 배려 윤리에 관 한 이론서가 필요하다는 주위 사람들의 권고에 용기를 얻어 이번에 이 를 책으로 내게 되었다. 이 책이 배려 윤리 및 배려 윤리 교육에 대한 관심을 증진시키고 학문적 논의를 촉진하는 데 조금이나마 기여할 수 있게 되기를 바란다.

이 책이 나오기까지 많은 분들의 도움이 있었다. 먼저 저자의 오늘 이 있기까지 학문적, 인간적으로 지도해 주신 서울대학교 정세구 선생 님, 그리고 학위 논문을 지도해 주신 서울대학교 진교훈, 전인영, 이온 죽 교수님, 춘천교육대학교 이재봉 총장님께 감사 드린다. 학문적 선 배로서 나의 학문적 나태함을 질책하면서 올곧게 학문의 길을 걸어갈 수 있도록 용기와 희망을 주고, 인간적인 신뢰와 우정을 보내준 춘천 교대 추병완 교수님, 전주교대 박병기 교수님께 감사 드린다. 도덕 교육에 대한 관심과 고민을 공유하며 함께 공부해 오고 있는 보성고 황인표, 조지아대 정창우 학형, 그리고 서울대 도덕과 교육 연구회 선후배 회원님들께도 감사 드린다. 이 책이 출간된 것을 누구보다도 기뻐하실 천국에 계신 부모님, 집안 일에 신경 쓰지 않고 오직 공부에만 전념할 수 있게 해준 아내 진옥, 아빠를 누구보다도 신뢰하고 잘 배려해 주는 태규와 귀여운 하연이에게 고마움을 전하고 싶다. 끝으로 어려운 출판 여건 속에서도 흔쾌히 이 책의 출판을 맡아주신 울력 출판사 강동호 사장님께 감사 드린다.

2002년 5월
박병춘

차례

제1장

서론

오늘날 서양 윤리학은 개인의 자율성과 독립성을 강조하는 자유주의 윤리학이 주도하고 있다. 칸트에서 롤즈로 이어지는 이러한 자유주의 윤리학은 개인의 권리와 자유를 중시하면서 사회를 유지하기 위한 기본 원리로서 정의를 내세우고 있다. 1960년대 이후 서양의 도덕 교육은 이러한 자유주의 윤리학에 근거하고 있는 로렌스 콜버그(Lawrence Kohlberg)의 인지 도덕 발달론 중심으로 이루어지고 있다. 인지 도덕 발달론에 기초한 도덕 교육에서는 단계를 통해서 발달해 가는 도덕적 판단 능력으로 도덕성을 정의하고, 도덕성 발달의 촉진을 도덕 교육의 목적으로 설정하고 있다. 인지 도덕 발달론에 기초한 도덕 교육은 도덕적 지식 및 형식적이고 추상적인 도덕 원리의 습득과 도덕적 판단 능력의 발달을 강조한다. 개인주의적이고 합리적인 인지 발달론적인 도덕 교육은 1980년대를 전후해서 개인간의 단절과 고립, 서로에 대한 무관심, 타인에 대한 보살핌의 부족, 이기주의와 같은 도덕적 문제에 효율적으로 대처하지 못했을 뿐만 아니라 이러한 문제를 초래했다는 비판을 받아왔다.

이러한 상황에서 콜버그의 동료였던 하버드 대학교 길리간(Carol Gilligan) 교수에 의해서 배려 윤리(ethic of care)가 주창되었다. 길리간에 따르면 도덕성은 정의의 도덕성과 배려라는 두 도덕성으로 구성되며, 정의의 도덕성은 권리, 공정성, 그리고 초연함과 같은 남성적 특성을, 배려의 도덕성은 책임, 인간 관계, 애착, 동정심과 같은 여성적 특성을 반영하고 있다. 그런데 많은 도덕 심리학자들에게 남성적 경험과 특성만을 반영하는 기존의 인지 도덕 발달론, 즉 정의 도덕성론이 남성과 여성을 포괄하는 모든 인간의 도덕성을 대표하는 것으로 인식됨으로써 여성적인 도덕적 관점인 배려 윤리는 무시되거나 경시되어 왔다. 이로 인해서 여성은 남성에 비해서 도덕적으로 열등한 존재로 취급받았을 뿐만 아니라 주로 여성이 수행하는 배려는 정당한 도덕적 가치를 부여받지 못했다. 길리간은 인지 발달론의 남성 중심성을 비판하면서 정의의 도덕성과 배려의 도덕성은 서로 구분될 뿐만 아니라, 동등한 가치를 지닌 대등한 도덕적 목소리로서 공존한다는 사실을 경험적인 연구들을 통해서 입증하고자 했고, 배려의 도덕성이 존재한다는 주장을 통해서 여성적인 활동과 여성의 도덕성에 대한 이러한 잘못된 평가와 대우를 바로잡고자 했다.

나딩스는 길리간이 주장한 배려 윤리가 여성적 윤리로서 존재한다는 것을 기본 전제로 하면서 플라톤, 칸트, 롤즈로 이어지는 서구의 자유주의 윤리학에 내재된 남성 중심적 편견을 비판하면서 이에 대한 대안으로서 배려 윤리를 제안하였고, 이를 윤리학적으로 체계화하였다. 의무론과 공리주의로 대표되는 서양의 전통 윤리학에서는 추상적인 원칙만을 강조함으로써 개인의 특수성이나 관계적 맥락을 무시하고 있을 뿐만 아니라 여성들을 도덕적 행위 능력조차 갖추지 못한 열등한 존재로 규정함으로써 여성에 대한 잘못된 편견을 반영하고 있다는 것이다.

나딩스는 배려의 전형을 모자녀 관계 속에서 이루어지는 모성적인 배려에서 찾고 있으며 이러한 배려 관계를 윤리적 기초이자 도덕적 성취로 규정한다. 그리고 배려하고, 배려 받고 싶어하는 것은 모든 인간의 보편적인 욕구이며 이러한 배려를 통해서 인간의 생존이 가능하다고 보았다. 이러한 관점에서 나딩스는 배려를 유지하고 강화하고자 하는 윤리적 이상을 고양시키는 것을 모든 교육의 궁극적 목적으로 삼고, 이를 여성만의 윤리가 아니라 남녀 모두에게 요청되는 윤리로 간주하면서 남녀 모두에게 가르칠 것을 주장하였다.

이 책은 이러한 길리간, 나딩스의 배려 윤리를 도덕 교육적 관점에서 고찰하고, 이러한 고찰에 근거해서 배려 윤리를 우리나라 도덕 교육에 소개하고, 더 나아가서 배려 윤리가 갖는 도덕 교육적 의의 및 그 적용 방안을 찾아보는 데 주된 목적을 두고 있다. 이를 위해서 2장에서는 배려 윤리가 등장하게 된 이론적 배경으로서 페미니즘과 여성 윤리학, 배려 윤리의 기본적 개념들을 고찰하였다.

3장에서는 콜버그의 인지 도덕 발달 이론 및 이에 대한 길리간의 비판, 인지 도덕 발달 이론과 배려 윤리와의 상호 관련성을 살펴보았다. 이와 함께 길리간이 주장한 배려 윤리의 이론적 구조 및 특징을 주로 도덕 심리학적 관점에서 고찰하였다.

4장에서는 나딩스의 배려 윤리를 중심으로 하여 윤리학적 관점에서 배려 윤리를 살펴보고자 했다. 이를 위해서 배려 윤리학자들의 서양의 전통 윤리학에 대한 비판을 소개함으로써 배려 윤리의 윤리학적 특징을 밝혀보고자 했고, 나딩스가 주장한 배려 윤리의 이론적 특징 및 배려 윤리 교육론을 함께 살펴보았다.

5장에서는 배려 윤리를 둘러싼 다양한 논쟁을 크게 3가지 차원, 즉 배려 윤리의 윤리적 문제, 도덕성과 성(性)과의 관련성 및 두 도덕성간의 조화 문제, 사회 구조적 측면의 경시 문제로 구분해서 살펴보았다.

마지막 장에서는 앞에서의 논의를 종합하여 배려 윤리가 지니고 있는 도덕 교육적 의의와 한계, 그리고 배려 윤리를 우리나라 도덕과 교육에 적용할 수 있는 방법을 모색해 보았다.

제2장

배려 윤리의 이론적 배경

1. 배려의 개념[1]

　배려(care)라는 단어는 다양한 의미로 사용되고 있다. 우리는 가족, 친구, 연인, 이웃, 동료, 자기 자신을 배려해야 한다고 말한다. 이때 사용되는 배려라는 단어는 상대의 입장을 자신의 입장보다 우선시하고, 타인의 어려움이나 필요에 응답해 주는 것을 의미한다. 또 배려는 의료인이나 사회사업가, 교사 등의 전문적인 직업 활동을 의미하기도 한다. 이때 Care는 배려보다는 돌봄, 보살핌 등으로 번역되어 사용된다. 또 페미니스트들은 배려를 타인에 대한 도덕적 감정이나 태도 또는 행동으로 정의하고 이를 윤리학의 토대로 삼기도 한다. 여기서는 페미니스트들이 사용하고 있는 배려의 의미를 중점적으로 고찰하고자 한다.

　배려의 개념을 가장 체계적이고 깊이 있게 연구하고 정의한 사람으

---

[1] Care는 우리말로 배려, 보살핌, 돌봄 등으로 번역되고 있는데, 이 책에서는 배려로 통일해 사용하고자 한다.

로는 메이어옵(Milton Mayeroff)을 들 수 있다. 메이어옵은 배려를 "다
른 사람이 성장할 수 있도록 도와주는 것"이라고 정의하고, 전형적인
예로서 아버지의 자식, 교사의 학생, 의사의 환자, 남편의 아내에 대한
배려를 들고 있다.[2] 따라서 다른 사람이 잘되기를 단순히 소망하거나,
다른 사람을 좋아하는 것, 또는 다른 사람에게 단순히 관심을 갖거나
다른 사람을 배려해 주고 싶은 욕구를 갖는 것은 배려라고 보기 어렵
다. 또한 메이어옵은 배려하는 사람은 배려를 통해서 부수적으로 자신
의 성장을 이룰 수 있다고 봄으로써 배려하는 사람과 배려 받는 사람
간의 상호 의존성을 강조하고 있다. 나딩스는 이러한 메이어옵의 배려
에 대한 개념을 수용하여 자신의 배려 윤리의 이론적인 근거로 삼고
있다.

길리간은 배려를 독립적으로 사용하거나 정의하기보다는 정의 도덕
성에 대비되는 도덕성으로서 배려 윤리라는 개념으로 사용하였다. 그
녀는 인간 관계, 책임, 상호 의존성, 유대, 애착, 동정심, 사랑을 중요시
하는 여성적 도덕성을 배려 윤리로 정의했다. 길리간이 배려의 심리적
인 특성에 관심을 갖고 배려 윤리를 하나의 도덕적 정향으로서 정의했
던 데 비하여 나딩스는 배려를 근본적인 윤리적 현상으로 규정하고 배
려의 도덕적 가치, 배려의 윤리적 특성과 정당성 등을 밝혀 주었을 뿐
만 아니라 배려 안에서 일어나는 딜레마들도 함께 정교화했다.

나딩스는 '배려'의 일상적인 언어적 의미를 분석하기보다는 관계적
관점에서 배려하는 사람과 배려 받는 사람의 관계를 규정하기 위한 기
초로서 배려를 정의하였다. 배려는 타인에 대해서 감정적·도덕적으

---

2) Milton Mayeroff, *On Caring*(N. Y.: Harper & Row, 1971), p. 2.

로 전념(engrossment)하고, 정신적으로 부담을 갖는 상태로서 사물에 대하여 염려하거나 근심하는 것을 의미한다.[3] 나딩스의 관점에서 볼 때 배려한다는 것은 세 가지 의미로 설명할 수 있다. 첫째, 배려한다는 것은 어떤 대상에 대해서 부담을 느끼고, 초조해하고, 걱정하는 것이다. 둘째, 배려한다는 것은 누군가에 대해서 강한 욕구와 성향을 느끼고, 그의 입장과 관심을 고려하는 것이다. 셋째, 배려한다는 것은 나이 많은 친척의 복지나 건강에 대해서 책임감을 느끼는 것을 의미한다.

나딩스는 배려가 지니는 태도적 측면과 동기적 측면을 크게 강조했던 메이어옵과 마찬가지로 외향적이고 관찰 가능한 행동보다는 헌신적인 태도를 더 근원적인 것으로 보고 있다. 나딩스는 우리가 배려의 행동을 할 수 없는 경우일지라도, 진심으로 상대에게 관심을 갖고 고통을 함께 느끼고, 의무감과 사랑을 가지고, 진실한 마음으로 헌신할 경우 이를 배려로 규정하고 있다.

파커(R. Parker)는 배려를 일시적으로 또는 영구히 자신을 돌볼 수 없는 사람들을 배려하는 실질적인 행동으로 정의함으로써 배려가 가지는 행동적인 측면만을 강조하고 있다.[4] 배려하는 행동의 구체적인 예로서 파커는 대소변을 가릴 수 없는 사람들에게 음식을 먹여 주고, 목욕시켜 주는 일 등을 들고 있다.

그레이엄(Graham)은 파커의 정의를 확대하여 배려를 활동과 감정이 불가분의 관계에 있는 것이라고 정의함으로써 배려가 활동이나 감정

---

3) Nel Noddings, *Caring: Feminine Approach to Ethics and Moral Education*(L. A.: University of California Press, 1984), p. 9.
4) R. Parker, "Tending and Social Policy," G. S. Gohlberg, & S. Hatch, *A New Look At the Personal Social Services*, Discussion Paper, No. 4(London: Policy Studies institute, 1971), p. 17.

어느 한쪽 측면에서만 정의할 수 없다는 것을 보여 준다.[5] 그레이엄은
이러한 관점에서 배려를 사랑의 노동(labour of love)으로 정의한다. 그
레이엄은 배려를 사랑이라는 정서적 노동으로 정의함으로써, 배려가
지니는 태도나 동기적인 측면과 함께 배려의 행위적인 측면을 통합해
서 정의하고 있다.

그레이엄과 마찬가지로 피셔(Berenice Fisher)와 트론토(Joan C.
Tronto)도 배려의 행위적인 측면과 태도적인 측면을 통합해서 '배려의
활동'이라는 개념으로 배려를 정의하고 있다.

가장 일반적인 수준에서, 배려는 우리가 이 세계에서 잘 살아갈 수 있도
록 세계를 관리하고, 유지하고 고쳐가는 모든 것들을 포함한 종(species)
활동이다. 이러한 세계 속에는 우리의 육체, 우리의 자아, 그리고 우리의
환경과 집을 세우고 치료하는 행위들이 포함되어 있다. 우리는 이 모든
것을 하나의 복합적이고 생존을 유지하는 망으로 엮어 내고자 노력한
다.[6]

이들은 배려의 활동이 이루어지는 과정을 크게 네 가지 과정으로
설명하고 있다.[7]

---

5) H. Graham, "Caring: A Lavor of Love," D. E. Bubeck, *Care, Gender, Justice*
(Oxford: Clarendon Press, 1995), p. 128.
6) Berenice Fisher & John C. Tronto, "Toward a Feminist Theory of Care," *Circle
of Care: Work and identity in Women's Lives*, Emily Abel and Margaret Nelson
(N.Y.: State University of New York Press, 1991), p. 40.
7) Tronto, *Moral Boundaries: A Political Argument For An Ethic of Care*(N.Y:
Routledge, 1994), pp. 105-110.

첫째, 염려하고 주의하는(caring about) 과정이다. 이 과정에서는 먼저 배려가 필요하다는 것을 인식한다. 즉 필요(need)가 있음을 인식하고, 이 필요가 충족되어야 하는지를 평가하는 과정이다.

둘째, 배려를 하기 위해서 준비하고 배려의 책임을 맡는 과정이다. 책임감을 핵심적인 도덕적 의무로 인식하는 과정, 즉 배려의 책임을 지는 과정이다. 규명된 요구에 대한 책임감과 어떻게 요구에 대해서 응답할 것인지를 결정하는 일을 포함한다.

셋째, 배려를 실천(care-giving)하는 과정이다. 이 과정에서는 배려에 대한 요구를 직접적으로 충족시켜 주는 일을 포함한다. 배려해 주기 위해서는 육체적 노동이 필요하다. 그리고 배려하는 사람은 배려의 대상과 직접적으로 접촉해야 한다. 우는 갓난 아이에게 젖을 주고, 굶어 죽어가는 사람에게 직접 식량을 제공해 주고, 에이즈 환자에게 자발적으로 식사를 제공해 주고, 환자의 옷을 세탁해 주는 행동들이 그러한 예라고 할 수 있다.

배려의 마지막 과정으로서 배려를 받는 사람이 배려에 응답(care-receiving)하는 과정이다. 예를 들면 피아노를 조율하면 소리가 다시 좋아지고, 환자를 돌봐 주면 환자의 상태가 더 좋아지고, 굶주린 아이에게 음식을 주면 더 건강해지는 경우이다.

이러한 네 가지 과정에서는 각각 주의 깊음(attentiveness), 책임(responsibility), 능력(competence), 응답 능력(responsiveness)과 같은 윤리적 태도가 요청된다. 피셔와 트론토는 이처럼 배려를 활동과 태도를 포함하는 통합적인 개념으로 정의하고 있다.

태로우(Barbara Tarlow)는 배려의 개념을 호혜적 관계 안에 구현된

지지적이고 정서적이고, 도구적인 상호 교환의 과정으로 정의한다. 태로우는 성공적인 배려의 관계는 두 사람이 하나로 결합하는 관계가 아니라 밀접성과 독자성이 조화를 이루면서 배려를 행하고 취하고, 수용하고 교환하는 관계라고 주장하였다.[8] 태로우는 이를 8가지 과정으로 구분하여 설명하였다. 즉 배려를 시작하기 위해서는 반드시 사람들이 존재해야 하고, 배려의 과업을 수행하기 위한 시간이 있어야 하며, 이 과정을 촉진시켜 주는 수단으로서 대화가 있어야 한다. 다음으로 배려하는 사람은 반드시 다른 사람의 필요에 민감해야 하며, 타인의 최상의 이익을 위해서 행위해야 하며, 감정을 투자해야 하며, 가장 중요한 것은 타인을 위해서 도움이 되는 일을 해야만 한다. 그리고 배려를 받는 사람은 반드시 배려의 과정을 영속화할 수 있는 방식으로 응답해야 하는 상호성을 가져야 한다.[9]

이 책에서는 다양하게 정의되고 있는 배려를 길리간과 나딩스의 관점에서 사용할 것이다. 길리간과 나딩스의 이론을 고찰하기 위해서는 그녀들이 사용하고 있는 배려라는 개념과 함께 배려 윤리에 대한 개념 정의도 필요하다. 배려 윤리는 크게 두 가지 의미로 해석되고 있는데, 길리간과 나딩스는 배려 윤리라는 개념을 서로 다른 의미로 사용하고 있다. 길리간은 배려 윤리를 여성적인 도덕성 발달론으로, 나딩스는 배려의 도덕성에 대해서 철학적으로 탐구하는 배려 윤리학으로 정의하고 있다.

---

8) Barbara Tarlow, "Caring: A Negotiated Process That Varies," in S. Gordon, P. Benner & N. Noddings(eds), *Caregiving: Reading in Knowledge, Practice, Ethics, and Politics*(Philadelphia: University of Pennsylvania Press, 1996), p. 80.
9) Ibid., pp. 80-81.

길리간은 배려 윤리를 기존의 발달 심리학상의 남성 중심성에 대한 비판에 근거해서 정의의 도덕성에 대비되는 새로운 도덕성 이론으로 규정하고, 그 도덕성의 형성 및 발달 과정에 초점을 맞추고 있다. 나딩 스는 길리간의 입장을 기본적으로 수용하면서도 배려 윤리를 하나의 도덕성으로만 국한시키지 않고 하나의 보편적인 윤리로서 주장하고 있다. 즉 기존의 윤리학이 갖고 있는 남성 중심성에 대한 비판에 근거 해서 그에 대한 대안으로서 여성의 도덕적 문제와 소외를 해결할 수 있는 윤리로 규정하고 있다.

2. 페미니즘과 배려 윤리

페미니즘은 여권주의, 여성주의, 여성 해방론 등으로 다양하게 해석 되고 있다. 페미니즘은 18-19세기 서구에서 근대 시민 사회가 형성되 면서 등장하기 시작하여 다양한 형태로 전개되고 있다. 페미니즘은 여 성에 대한 차별과 억압에서 벗어나 남녀 평등을 실현하고 여성의 권리 를 옹호한다는 공통된 목적을 지니고 있으면서도 여성 억압과 차별의 원인과 그에 대한 대책의 입장 차이에 따라서 다양한 형태로 주장되고 있다. 이러한 페미니즘은 자유주의, 마르크스주의, 네오 마르크스주의, 정신분석학, 포스트모더니즘 같은 기존의 정치 사상이나 현실에 대한 비판 운동 등과 맥을 같이하면서 다양한 형태로 발달되어 왔다.

페미니즘이 전개된 과정은 크게 세 시기로 나누어서 고찰해 볼 수 있다. 제1시기는 18세기부터 20세기 초반에 이르기까지 자유주의 이념의 발달과 함께 대두되어 여성의 투표권을 주장하고, 법적, 제도적 측면에서 여성 인권 운동에 전력했던 때를 가르킨다. 제2시기는 여성 문제를 해결하기 위한 본격적인 운동이 시작된 시기로서 1960년대 이후의 시기를 말한다. 이 시기에는 여성의 사회 참여와 남녀 동등권을 주장하였으며, 일터에서의 여성의 성공을 추구했고, 여성의 지위 향상은 남성들처럼 성공함으로써 가능하다는 인식을 갖게 되었다.

제3시기는 남녀가 공유할 수 있는 문제에 관심을 두고 남녀가 성차별 및 성과 연관된 사회적인 문제들을 해결하기 위해 함께 노력하던 시기이다. 이 운동은 환경 오염, 인종 차별, 빈곤 문제 등 남성들과 공유할 수 있는 문제에 관심을 두고 사회 단체를 통해 문제를 직접 해결해 가는 특성을 보이고 있다. 이와 함께 하나의 사회 문제로서의 여성 문제를 남성과 공유하고, 여성과 남성의 공동체 의식을 통해 해결해 나가고자 하는 움직임을 보인다.

이렇게 전개되어 온 페미니즘은 여성 억압의 근원에 대한 분석과 그 해결 전략에 있어서의 차이에 따라 자유주의적 페미니즘, 마르크스주의적 페미니즘, 급진주의적 페미니즘, 사회주의적 페미니즘, 정신분석학적 페미니즘, 실존주의적 페미니즘, 포스트모던 페미니즘 등으로 구분되고 있다.10)

월스톤크래프트(M. Wollstonecraft)와 밀(J. S. Mill)로 대표되는 자유주의 페미니즘은 18-19세기의 자유주의 사상의 영향을 받아서 여성

---

10) R. Tong, 이소영 역, 『페미니즘 사상: 종합적 접근』(서울: 한신문화사, 1995), p. 2. 재거의 경우에는 페미니즘을 자유주의 페미니즘, 급진적 페미니즘, 마르크스주의적 페미니즘, 사회주의 페미니즘 등 4가지 유형으로 분류하였다 (Alison Jaggar & R. Paula, 신인령 역, 『여성 해방의 이론체계』(서울: 풀빛), 1983).

억압의 원인을 남녀간의 기회와 교육의 불평등에서 찾고 있다. 이러한 억압과 차별을 시정하기 위한 대안으로서 이들은 제도적인 차별의 철폐(여성의 취업 보장 법률 제정, 봉건적 가족법의 개정, 여성 참정권 획득, 남녀 동등한 교육 기회 보장)를 제시하고 있다. 이들은 기본적으로 인간을 합리적이고 평등한 존재로 보고 있기 때문에 사회의 모든 영역에서 여성은 남성과 동등한 권리를 획득해야 한다고 주장한다. 즉 남성만이 아니라 여성에게도 잠재적인 능력을 계발할 수 있도록 자유 경쟁과 동등한 기회, 그리고 동등한 권리를 부여해야 한다는 것이다. 이러한 자유주의 페미니즘은 전세계에 가장 널리 전파되었으며, 페미니스트가 아닌 사람들에게도 가장 명확하게 이해되고 있는 페미니즘이다.

마르크스주의적 페미니즘은, 모든 사회적 불평등은 사유 재산제의 발생에서 야기된 것이며, 여성 불평등의 원인 역시 여기에서 벗어나지 않는다고 보았다. 비교적 소수의 남성들이 생산 수단을 사적으로 소유하게 됨으로써 현재의 여성 억압을 낳게 되는 계급 사회를 가져왔다는 것이다. 바로 이런 측면 때문에 자본주의 체제를 여성 억압의 궁극적 근원으로 보고 있다. 즉 여성 억압은 계급 억압에 비해 부차적인 문제이며 계급 억압이 끝나면 자연적으로 여성은 해방될 것으로 보고 있다. 따라서 여성 해방을 성취하기 위해서는 생산 수단이 전체 사회의 재산으로 되는 사회주의 혁명이 필요하다고 주장한다.[11] 이러한 사회주의 체제 안에서는 어느 누구도 다른 사람에게 경제적으로 의존할 필요가 없기 때문에 여성들은 남성들로부터 경제적으로 자유롭게 되고

---

11) Jaggar, 신인령 역, Ibid., p. 158.

그럼으로써 남녀가 동등하게 된다는 것이다.

급진적 페미니즘은 남녀 관계가 최초의 사회적 분화이며, 남성에 의한 여성의 지배가 가장 근원적인 억압 형태로서 계급 관계보다 더 근원적인 의미를 갖는다고 주장한다. 여성을 억압하는 것은 성별에 기반한 권력 체계, 즉 남성이 여성을 지배하는 보편적 체계인 가부장제 때문이며, 그것은 개선할 수 있는 것이 아니라 철폐해야 하는 체계라고 본다. 따라서 가부장제의 법적, 정치적 구조뿐만 아니라, 가족, 교회, 학교와 같은 사회적·문화적 제도들도 함께 소멸되어야 한다고 본다.12)

사회주의 페미니즘은, 가부장제만을 여성 억압 체계로 보는 급진주의나 여성 억압을 낳는 근본 구조를 자본주의 체제로 보는 마르크스주의 입장과 달리, 여성이 가부장제와 자본주의에 의해 동시에 억압받고 있다고 본다. 즉 경제적 계급 관계가 여성의 지위를 결정하는 중요한 변인이 되고 있지만 남녀 관계도 이와 똑같은 비중으로 영향을 끼칠 수 있다는 것이다.13) 사회주의 페미니스트들은 여성 억압의 근원에 대한 분석에서 차이를 보이고 있지만 현재 여성을 억압하는 것이 자본제적 구조뿐만 아니라 가부장적 구조라고 주장한다는 점에서는 일치한다. 따라서 사회주의 변혁이 여성 해방에 도움은 되겠지만 그 자체가 여성 해방은 아니기 때문에 여성 해방은 가부장제와 성별 분업의 철폐, 나아가 성별 자체의 폐지를 지향하는 별개의 혁명을 통해 수행해야 한다고 주장한다. 즉 이들은 여성의 해방을 위해서는 계급이 없을

---

12) Tong, 이소영 역, op. cit., pp. 3-4.
13) Andersen, 이동원, 김미숙 역, 『성의 사회학』(서울: 이화여자대학교 출판부, 1987), p. 440.

뿐만 아니라 성이 없는 사회, 즉 성이라는 생물학적 사실이 사회적으로 인정되지 않는 사회가 요구된다고 주장한다.[14]

정신분석학적 페미니즘은 프로이트(Sigmund Freud)의 오이디푸스 콤플렉스에 대한 비판에서 시작되었다. 프로이트는 남아의 경험에 초점을 맞춘 오이디푸스 콤플렉스의 개념을 중심으로 성 심리학적인 발달 이론을 전개하였다. 프로이트는, 어린이들은 성 심리학적인 발달 단계를 거치며, 모든 성인의 기질은 아동기의 발달 과정에 그 뿌리를 두고 있다고 보았다. 즉 남아와 여아는 생물학적인 결과로 인해서 성 활동을 다르게 경험하기 때문에 궁극적으로 상반되는 성 역할을 하게 된다는 것이다. 프로이트는 남녀의 생물학적인 차이로 인해서 여자들은 여성적 특질, 남자는 남성적 특질을 발달시키게 된다고 보았던 것이다.

프로이트에 따르면, 본래 오이디푸스 단계 이전의 모든 아이들은 어머니에게 애착을 지니며 어머니를 전지전능한 존재로 인식한다. 그런데 유아의 관점에서 볼 때 어머니는 때때로 너무 많은 것을 주고, 때로는 너무 적은 것을 주기 때문에, 유아는 어머니에게 사랑과 미움을 함께 품은 이중적인 감정을 갖는다.[15]

오이디푸스기에 들어서면서 어머니와 아들의 공생은 무너지게 된다. 프로이트에 따르면 소년들은 어머니에 대한 사랑의 욕망을 거세 불안을 통해서 억제하게 된다. 즉 소년들은 자신의 경쟁자인 아버지의 거대한 힘을 인식하고, 이러한 아버지로부터 거세 당하지 않기 위해 어머니에 대한 근친상간적인 욕망을 억제하고 대신 아버지를 동일

14) Jaggar, 신인령 역, op. cit. p. 161.
15) Ibid., p. 8.

시하게 된다. 이에 반하여 소녀들은 소년들과 마찬가지로 어머니를 사
랑의 대상으로 삼고 있지만 거세 당할 성기를 가지고 있지 않기 때문
에 소년들과 달리 어머니로부터 천천히 유리된다는 것이다.16)

프로이트는 초자아 또는 양심은 거세 불안 때문에 형성된다고 생각
했기 때문에 거세에 대한 불안감을 갖지 못한 소녀들은 초자아나 양심
의 형성이 소년들에 비해 늦게 시작되고 약하다고 보았다. 그렇기 때
문에 여성은 남성에 비해서 정의감이 약하고 사회적으로 중요한 일에
자신을 내던지려는 의지도 약하며, 판단을 내릴 때에도 애정이나 증오
같은 감정에 더 많이 영향을 받게 된다는 것이다.17) 생물학적 결정주
의 입장에서 여성의 도덕적 열등성을 주장했던 프로이트는 이로 인해
서 많은 페미니스트들에게 신랄한 비판을 받게 되었다.

정신분석학적 페미니스트들은 프로이트가 말한 오이디푸스 콤플렉
스는 남성의 상상력의 산물이며, 모든 인간, 특히 여성들이 탈피해야
하는 정신적 고안물이라고 주장한다.18) 또한 아들러(Alfred Adler), 호
니(Karen Horney), 그리고 톰슨(Clara Thompson) 같은 정신분석학적
페미니스트들은 프로이트의 생물학적 결정론을 거부하고, 그 대신 여
성의 성별 정체성과 태도를 형성하는 경험적, 문화적 영향력을 강조하
였다.19) 즉 이들은 여성과 남성의 성 활동 경험이 모두 사회적으로 구
성된다고 보았다.

---

16) Ibid., pp. 217-223.
17) Sigmund Freud, "Some Physical Consequences of the Anatomical Distinction
    Between the Sex," in Freud, *Sexuality and the Psychology of Love*(N. Y.: Collier
    Books, 1968), p. 193.
18) Juliet Michael, *Psychoanalysis and Feminism*(N. Y.: Vintage Book, 1974), p. 415.
19) Tong, 이소영 역, op. cit., p. 230.

또한 디너스타인(Dorothy Dinnerstein)과 처도로우(Nancy Chodorow) 같은 정신분석학적 페미니스트들도 프로이트의 생물학적 결정주의를 부정하면서 여성에 대한 잘못된 편견과 억압은 여성이 어머니 노릇을 독점하는 데서 기인한다고 주장하였다.[20] 이들은 이를 극복할 수 있는 대안으로 아버지와 어머니가 함께 부모 역할을 수행해야 한다는 이원적 부모 역할론을 제시하였다. 만약 어머니와 함께 아버지가 어머니 역할을 수행하게 되면 아이들은 더 이상 권위, 자율성, 보편성 같은 가치들을 남성적인 것으로 보지 않을 것이며, 더 이상 사랑, 의존, 특수주의와 같은 것들을 여성적인 것으로 보지 않게 된다고 한다. 오히려 그들은 이러한 모든 가치들을 모든 인간의 가치들로 볼 수 있게 된다고 보았다.[21]

배려 윤리는 위에서 살펴본 다양한 페미니즘의 흐름 속에서 남성과 여성의 동일성보다는 차이에 주목하고, 여성성에 대한 정당한 가치 평가를 통한 양성 평등 사회를 지향하고 있다. 이러한 배려 윤리는 남성성과 여성성의 기원을 밝히고 그 대안을 모색하는 데 있어서 정신분석학적 페미니스트인 처도로우의 대상 관계 이론(object-relation theory)을 주된 이론적 근거로 삼았다. 처도로우는 어머니에 의한 아동 양육이 어떻게 남아와 여아의 인성 형성에 차별적인 영향을 주는가를 구체적으로 설명하였다. 처도로우는 아동기에 이들을 보살피고 양육하는 사람이 일반적으로 어머니이기 때문에 남아와 여아가 성적으로 차별화된 인성을 발달시키게 된다고 보았다. 처도로우는 이러한 남녀의 인성 차이가 계속해서 전승되는 것은 프로이트가 주장한 것처럼 선천적

---

20) Ibid., p. 234.
21) Ibid., p. 10.

인 요인 때문이 아니라 여성인 어머니가 아동 양육을 책임지기 때문이라고 보았다. 즉 초기의 사회적 환경을 남녀가 다르게 경험하기 때문에 남녀의 성격도 다르게 발달한다는 것이다. 이러한 문제를 극복할 수 있는 대안으로서 쳐도로우는 어머니와 아버지에 의한 공동 양육 방법을 주장하면서 이러한 이원적인 부모 역할이 가져올 수 있는 세 가지 구체적인 결과를 제시하고 있다.[22]

첫째, 어머니와 아버지의 동등한 존재는 모자녀 관계의 강도를 분산시켜 줄 것이다.

둘째, 가정 밖에서 의미 있는 생활을 영위하는 어머니는 자식을 자신의 존재 이유로 간주하지 않을 것이다.

셋째, 부분적으로 아버지가 양육한 남아는 어머니의 세력에 대한 두려움이나 여성 특유의 자기 희생적인 특성에 대한 기대감을 발전시키지 않을 것이다. 그리하여 남아와 여아 모두 애정과 자율성을 지닌 성인으로 성장할 수 있게 된다는 것이다.

---

22) Tong, 이소영 역, op. cit., 245.

3. 여성 윤리학과 배려 윤리[23)]

1960년대 후반부터 활발하게 전개된 제2기 페미니즘은 일반 대중과 학자들 사이에 여성 문제에 대한 관심을 불러일으켰다. 여성의 억압과 불평등을 시정하려는 이러한 페미니즘 운동은 구체적인 여성 문제로까지 논의를 확대해 나아갔고, 그리하여 일반 여성들이 제기한 임신 중절, 성폭력, 가사 노동과 같은 현실적인 여성 문제들에 관심을 가지고 이 문제들을 전통적인 윤리 이론을 가지고 접근하였다. 여성 윤리학은 일부 페미니스트 철학자들이 소위 응용 윤리학적 주제라고 부를 수 있는 것들을 윤리학적으로 접근하면서 대두되었다. 여성 윤리학의 또 다른 흐름은 순수 윤리·도덕 이론에 대한 접근과 분석을 통하여 전통적인 윤리 이론이 내포하고 있는 남성 중심적인 입장에 대한 비판과 이에 대한 대안을 모색하는 방향으로 전개되어 갔다.[24)]

여성 윤리학은 여성의 실제적인 문제를 윤리적으로 해결하려는 움직임과 전통 윤리학이 갖고 있는 여성 편견을 시정하려는 움직임 속에서 대두되었지만 여성 윤리학이란 개념은 1980년대에 들어서면서부터

---

23) 여성주의(feminist) 윤리학자들은 배려 윤리를 포함하고 있는 여성적(feminine) 윤리에 대비되는 개념으로서 여성주의 윤리학(feminist ethics)이라는 개념을 사용할 뿐만 아니라 여성적 윤리와 여성주의 윤리학을 함께 포괄하는 개념으로서 여성주의 윤리학이라는 개념을 함께 사용하고 있다. 이 책에서는 이러한 혼란을 피하기 위해서 여성적 윤리학과 대비되는 여성주의 윤리학은 그대로 여성주의 윤리학으로, 후자의 포괄적인 의미의 여성주의 윤리학은 여성 윤리학으로 정의하였다. 따라서 이 책에서 여성 윤리학은 여성주의 윤리학과 여성적 윤리학을 모두 포괄하는 개념으로 사용된다.

24) C. Card, "Caring and Evil," *Hypatia* 5(Spring), 1990, pp. 101-108 참조.

본격적으로 사용되기 시작했다. 길리간이 기존의 도덕 이론이 지니고 있는 여성 편견을 비판하고 이에 대한 대안으로서 배려 윤리를 주장하기 시작하면서부터였다. 길리간은 『다른 목소리로』(1982)에서 여성의 도덕 발달이 남성의 도덕 발달과 의미 있게 다르다는 것을 경험적으로 보여 주었다. 길리간은, 배타적으로 정의 도덕성에 기초하고 있는 전통적인 도덕 발달 이론은 여성의 도덕적 발달을 측정하는 적절한 표준을 제공해 주지 못한다고 주장하면서, 여성의 도덕 발달을 측정할 수 있는 새로운 기준으로서 배려 윤리를 제시하였다. 많은 페미니스트들은 길리간의 책(1982)을 통해서 도덕성에 대한 독특한 여성적인 접근이 존재한다는 것을 찾아냈을 뿐만 아니라 이것이 여성 윤리학에 기초를 제공해 준다고 생각했다. 그리고 대부분의 사람들에게 여성 윤리학은 배려 윤리와 동의어로 인식되었다.

길리간의 배려 윤리에 대한 논의는 크게 두 가지 방향으로 전개되었다. 첫째, 길리간의 입장에서 여성적 경험에 근거를 둔 윤리학을 발달시키려는 윤리학적 접근이 이루어졌다. 대표적인 사람이 나딩스와 러딕(Sara Ruddick)이다. 둘째, 인간 관계, 책임, 애착, 상호 의존, 애정, 동정심 같은 여성적 특성과 경험에 근거한 길리간의 배려 윤리는 진정한 여성 윤리학이 될 수 없다고 보는 입장이다. 이들은 여성 윤리학은 여성의 억압과 불평등을 극복하고 남녀 평등을 실현하는 것을 목적으로 해야 하는데, 여성적 경험과 특성에 근거한 길리간의 배려 윤리는 오히려 여성에 대한 억압과 착취를 정당화하기 위해 강조되어 왔던 특성들을 여성들에게 요구하고 있다고 비판했다.

전통적으로 합리적이고 개인주의적인 사고에 근거해서 개인의 자유와 권리, 가치를 강조해 왔던 서구인들에게 여성적인 덕성과 모성애에

근거한 관계, 상호 의존성, 책임, 공동체적 가치와 함께 정서적인 측면
을 강조하는 배려 윤리는 다양한 반향을 불러일으켰다. 일부 여성 윤
리학자들은 기존의 남성 중심적이고 개인주의적 가치관이 가져온 윤
리적인 문제를 해결해 줄 수 있는 대안으로 배려 윤리를 수용하였
다.25) 또 다른 여성 윤리학자들은, 배려 윤리에서 강조하는 덕목들은
여성의 희생과 헌신을 전제로 하고 있을 뿐만 아니라 이러한 덕목을
여성에게만 강요함으로써 여성의 종속을 영속화하고 정당화하는 도구
로 이용당할 수 있다는 점을 들어서 배려 윤리를 비판하였다.26)

길리간의 배려 윤리를 긍정적인 관점에서 수용하느냐 아니면 부정
적인 관점에서 평가하느냐에 따라서 여성 윤리학은 크게 두 가지 흐름
으로 전개되었다. 첫번째 흐름은 길리간의 입장에 근거해서 여성적 경
험과 특성을 강조하면서 이를 윤리학적으로 체계화시킨 여성적
(feminine) 윤리학이다. 두 번째 흐름은 길리간의 배려 윤리가 여성의
억압과 종속을 정당화해 주고, 이를 더욱 강화시켜 줄 수 있다는 점을
비판하면서 여성의 종속과 억압을 근절시키기 위한 정치적인 방안을
모색하는 데 중점을 둔 여성주의 윤리학이다.

통(Rosemarie Tong)은 여성 윤리학을 윤리학에 대한 여성적(femi-
nine) 접근과 여성주의적(feminist) 접근으로 구분하였다.27) 통은 여성

---

25) Gilligan(1982), *In a different voice: Psychological Theory and Women's Development*
(Cambridge: Harvard University Press, 1982); Noddings(1984), op. cit.; S. Ruddick,
Maternal Thinking: Toward a Politics of Peace(Boston: Beacon Press, 1989).

26) B. Houston, "Rescuing Womanly Virtue: Some Dangers of Moral Reclamation,"
Hanen and Nielsen(ed.), *Science, Morality and Feminist Theory*(Calgary: University
of Calgary Press, 1987), p. 62.

27) R. Tong, op. cit., p. 4.

적 접근과 여성주의적 접근의 차이를 시첼과 셔윈의 주장을 인용하여
구체적으로 설명하고 있다. 시첼(B. A. Sichel)에 따르면, 현재 '여성적'
이라는 말은 여성의 독특한 목소리를 찾아가는 것을 의미하며, 더 자
주 인용되는 것은, 양육, 배려, 연민, 의사소통 등을 포함하는 배려 윤
리에 대한 옹호를 의미한다. '여성주의'라는 말은, 자유주의적이든 급
진주의적이든 아니면 다른 지향을 가졌든, 평등권에 기초하여 남성적
지배에 반대하면서 희소한 자원을 공정하게 분배할 것을 주장하는 이
론들을 말한다.28) 셔윈(Susan Sherwin)은, 윤리학에 대한 여성적 접근
(feminine approach)은 전통적인 윤리학이 여성의 도덕적 표현과 직관
을 제대로 반영하지 못하고 있다는 점에 초점을 맞추고 있는 반면, 윤
리학에 대한 여성주의 접근(feminist approach)은 특별한 정치적 관점에
서 여성을 지배하고 억압하는 윤리학적 양식을 어떻게 개정해야 할 것
인가에 초점을 맞추고 있다고 주장한다.29)

시첼과 셔윈과 같은 맥락에서 두 윤리를 구분하고 있는 사람으로
앤드류(Barbara Sylvia Andrew)를 들 수 있다. 앤드류는 여성 윤리학을
배려, 인간 관계, 책임, 의존성에 초점을 맞춘 '배려 윤리학'과 해방,
우정, 평등에 초점을 맞추면서 배려를 배제하는 '자유의 여성주의 윤
리학'으로 구분하고 있다.30) 배려 윤리학은 전통적인 권리의 윤리학이
개인간의 연결과 타인의 필요에 대한 응답을 무시하고 있다는 점을 비
판하고 있는 데 반하여 자유의 여성주의 윤리학에서는 권리의 윤리가

---

28) B. A. Sichel, "Different Strains and Strands: Feminist Contributions to Ethical
    Theory," *Newsletter on Feminism* 90, No. 2, Winter 1991, p. 90.
29) S. Sherwin, 1992, pp. 42-43.
30) B. S. Andrew, *A Feminist Ethic of Freedom and Care*(State University of New
    York: Stony Brook), Proquest-Dissertation, UMI, No. 9737608, 1997, p. iii.

여성의 자유를 등한시했다고 비판한다.

통이 정의한 첫번째 관점, 즉 윤리학에 대한 여성적 접근에서는 전통적으로 여성들과 연관되어 왔던 양육, 동정심, 배려 같은 여성적 특성과 여성적 경험을 강조한다. 즉 가부장적인 세계에서 무시되었던 연민, 공감, 동정, 양육 같은 여성적인 가치들의 회복을 강조한다. 길리간과 나딩스가 이러한 여성적 윤리학을 대표한다.

두 번째 관점, 즉 윤리학에 대한 여성주의적 접근에서는 항상 남성이 지배하고 여성이 종속 당하는 권력의 문제에 관심을 갖는다. 그리고 이러한 억압과 종속으로부터 여성의 해방을 이끌어낼 수 있는 행동방침을 여성들에게 제공하는 데 그 목표를 두고 있다. 이러한 여성주의 윤리학을 대표하는 사람들로는 재거(A. Jagger), 호그랜드(Sarah Lucia Hoagland) 등을 들 수 있다. 이들에 의해서 주장된 여성주의 윤리학은 세 가지 규범적 목표를 공통적으로 가지고 있다.[31]

첫째, 윤리학에 대한 여성주의적 접근은 여성의 종속을 영속화하는 행위나 실천들에 대해서 도덕적인 비판을 명확하게 해야 한다.

둘째, 그러한 행위나 실천들에 대해서 도덕적으로 정당하게 반대할 수 있는 방법을 기술해야 한다.

셋째, 여성의 해방을 촉진할 수 있는 도덕적으로 바람직한 대안들을 생각해 내야 한다.

여성 윤리학은 여성의 고유한 경험과 특성들을 남성적인 경험이나

---

31) A. Jagger, op. cit., 1990, p. 98.

특성과 동등하게 평가하고, 존중해야 한다는 공통된 인식에서 출발하였지만 여성의 종속과 억압을 극복하기 위한 대안에 대해서는 상이한 입장을 나타내고 있다. 여성적 접근에서는 여성적인 도덕적 특성과 덕들을 남성적인 것과 대등하게 평가할 것과 이러한 특성과 덕들을 남녀 모두에게 요구하고 있는 반면, 여성주의적 접근에서는 여성적 접근에서 강조하는 배려의 특성들을 배제하고 여성의 종속과 억압을 종식시키기 위한 정치적인 과업을 강조한다.

윤리학에 대한 이러한 두 가지 여성주의 접근은 서로 상이한 특징을 보이지만 여성의 종속이 도덕적으로 나쁘며, 여성의 도덕적 경험은 남성의 도덕적 경험과 마찬가지로 동등하게 존중되어야 한다는 점에서는 일치하고 있다. 윤리학에 대한 여성주의적 접근 방식이 비여성주의적 접근 방식과 다른 점은 여성의 도덕적 관심에 민감하며, 그 동안 정치적·경제적·사회적·도덕적으로 여성의 권한이 무시되었던 성적 불평등에 대해 관심을 갖는다는 것이다. 그리고 이들은 전통적인 윤리학이 지니고 있는 문제점을 다섯 가지로 지적하고 있다.[32] 즉 여성의 이익에 대한 관심 부족, 여성 문제 무시, 여성이 도덕적 행위자가 될 수 있다는 것을 부인함, 여성적인 가치에 대한 평가 절하, 여성의 도덕적 경험을 낮게 평가하고 있다는 문제점을 지적하고 있다. 이들은 이러한 비판에 근거해서 비여성주의적인 전통 윤리학에서는 이러한 문제점을 극복하기 위해서 다음과 같은 다섯 가지가 요청된다고 주장하고 있다.[33]

---

32) Ibid., p. 52.
33) A. Jaggar, "Feminist Ethics," L. Becker & C. Becker(eds.) *Encyclopedia of Ethics* (New York: Garland Press, 1992), p. 365.

첫째, 전통적인 윤리학에서는 남성의 도덕적 이해 관계와 문제들에 주의를 기울이는 것과 마찬가지로 여성의 도덕적 이해 관계와 문제들에도 주의를 기울여야 한다.

둘째, 남성뿐만 아니라 여성도 완전한 도덕 행위자로 대우해 주어야 한다.

셋째, 여성과 관련된 문화적 가치들을 남성과 관련된 문화적 가치들과 마찬가지로 지지해야 한다.

넷째, 여성의 도덕적 경험과 도덕적 추론 양식을 남성들에 대한 것과 마찬가지로 평가해야 한다.

다섯째, 문화적으로 남성과 연관된 가치뿐만 아니라 여성과 연관된 가치도 번창할 수 있는 사회를 창조하는 데 헌신해야 한다.

그 동안 살펴본 것처럼 여성적 접근과 여성주의적 접근은 서로 상이한 접근이라고 할 수 있지만 공통된 가정과 특성들 또한 가지고 있다. 여성 윤리학을 두 가지 접근으로 구분해서 살펴보고자 했던 것은 여성 윤리학에서 배려 윤리의 위상과 의의를 명확히 하고자 하는 데 있었다. 배려 윤리는 넓은 범위에서는 여성 윤리학에 속하지만 통의 정의에 따라서 엄격히 구분하면 여성적 윤리 또는 배려에 초점을 맞춘 윤리학에 속한다.

여성적인 도덕적 정향, 또는 여성적인 도덕적 관점으로서의 배려 윤리는 배려, 관심, 유대, 애착, 책임, 인간 관계, 상호 의존성 같은 여성적 특성을 강조하고 있다. 배려 윤리를 주장했던 길리간과 나딩스 모두 배려 윤리를 여성의 고유한 경험에 근거한 여성적 윤리로 규정하면서도 동시에 남성에게도 동일하게 요청되는 윤리라고 주장하였다. 즉

배려 윤리는 여성만의 윤리가 아니라 여성에게는 물론 남성에게도 열
려 있는 윤리이다.[34] 다시 말하면 배려 윤리 또는 배려에 초점을 맞춘
여성주의적 접근에서 강조하고 있는 특성들은 여성에게만 고유한 특
성이 아니라 남성들에게도 가능한 것으로서 남성들도 반드시 발달시
켜야 하는 것들이다.

---

34) Tong, op. cit., p. 4.

제3장

길리간의 배려 윤리

1. 정의 도덕성론에 대한 비판

(1) 콜버그의 도덕성 연구

콜버그(Lawrence Kohlberg)는 철학적으로는 소크라테스(Socrates), 플라톤(Platon), 칸트(Kant), 롤즈(J. Rawls)로 이어지는 서양의 자유주의의 철학적 전통을 따르고 있으며, 심리학적으로는 피아제, 교육학적으로는 듀이(J. Dewy)의 영향을 받았다. 콜버그는 이처럼 철학, 교육학, 심리학의 영향을 받았을 뿐만 아니라 이러한 상이한 학문들을 하나로 통합하여 인지 도덕 발달론을 확립하고자 시도하였다.

콜버그의 도덕 발달 이론은 피아제의 아동의 도덕성 발달 이론에 대해서 연구하면서 시작되었다. 그는 피아제가 도덕성을 타율적 도덕성과 자율적 도덕성으로 구분함으로써 도덕성 발달 단계를 지나치게 단순화시켰다고 지적하면서 연구의 대상을 아동뿐만 아니라 성인에게까지 확대하여 도덕성의 발달 단계를 설명하였다.

콜버그에게 있어서 도덕성은 도덕적 갈등 사태를 해결하는 데 사용되는 판단의 근거나 이유라고 볼 수 있다.[1] 도덕성은 개인들간의 갈등을 조절해 주는 기본적인 지침을 제공해 준다. 콜버그는 도덕성을 내용이 아니라 도덕 판단의 형식으로 정의하였다. 콜버그에게 있어서 도덕성의 형식적 특징은 바로 규정성과 보편성이다. 규정성과 보편성에 의한 판단은 도덕 원리에 의거한 판단이며, 도덕 원리는 선택의 보편적인 양식이며, "누구라도 어떤 상황에서도 채택하지 않을 수 없는 선택의 규칙이다."[2]

콜버그에 따르면, 규칙은 "그것은 하지 마라. 혹은 해라!"와 같이 어떤 행위를 처방하지만 원리는 우리에게 두 대안들 간의 선택을 도덕적으로 보장해 주는 방법을 말해 준다고 한다. 원리란 어떤 선택을 지시해야 할 뿐 아니라 그러한 선택을 위한 이유가 되어야 하며, 원리는 선택을 위한 보편 가능하고 일반적인 기초를 함축하고 있다고 볼 수 있다.[3] 이러한 도덕적 원리란 보편적인 선택의 양식, 즉 모든 사람들이 모든 상황에서 언제라도 채택하기를 원하는 선택 행위의 원리이며, 그 도덕 원리가 바로 정의라고 주장하였다.[4]

---

1) L. Kohlberg & F. Turiel, "Moral Development and Moral Education," G. Lesser(ed.), *Psychology and Educational Practice*(Chicago: Scott Foresman, 1971), p. 448.

2) L. Kohlberg, "Educating for Justice: A Modern Statement of the Platonic View," in Sizer & Sizer(eds.), *Moral education*(Cambridge: Harvard University Press, 1970), pp. 69-70.

3) L. Kohlberg, "The Just Community in Theory and Practice," M. Berkowitz & F. Oser(eds.), *Moral Education Theory and Application*(New Jersy: Lawrence, Erlbaum Associates, 1985), pp. 228-231.

도덕적 의무는 다른 사람의 권리나 요구를 존중하는 것이다. 도덕적 원리는 경쟁하는 주장들 간의, 곧 너와 나, 당신과 제3자간의 갈등을 해결해 주는 원리이다. 이러한 주장들간의 갈등을 해결하기 위해서는 오직 하나의 원리만이 필요하다. 바로 정의 혹은 평등의 원리이다.[5]

콜버그에게 있어 도덕성은 도덕 판단에만 관련될 뿐 행동과는 직접적인 관련이 없다.[6] 도덕이라는 용어가 기본적으로 의미하는 것은 판단의 유형 또는 의사 결정의 유형이지 행동, 정서, 혹은 사회적 제도의 유형은 아니다. 그리고 도덕 판단은 도덕 행위의 선행 조건이다. 즉 도덕 판단은 도덕 행위의 필요 조건이기는 하지만 충분 조건이라고 볼 수는 없다.[7]

콜버그는 어떤 행동에 대한 이유를 밝히는 과정으로서의 도덕적 추론 능력을 도덕성으로 보고 있다. 그런데 도덕적 추론은 근본적으로 인지적 구조를 갖는데, 이 판단의 구조는 우리가 갈등 상황에 처할 때에 그것을 해석하고 그 갈등을 해소하고자 하는 논리의 구조를 말한다. 이러한 입장에서 콜버그는 도덕 발달을 도덕적 규범을 정당화하고 도덕적 행동을 강화시켜 주는 인지 구조의 변화로 보고 있다. 이러한 관점에서 콜버그의 도덕성 발달 이론을 도덕적 추론의 인지 발달론이라고 할 수 있다. 이러한 특징은 콜버그의 다음과 같은 설명에서 분명

---

4) L. Kohlberg, *The Philosophy of Moral Development: Moral Stages and The Idea of Justice*(N. Y.: Harper & Row, 1981), 김민남 역, 『도덕 발달의 철학』(서울: 교육과학사, 1985), p. 39.

5) Ibid., p. 14.

6) Ibid., p. 19.

7) Ibid., p. 223.

하게 드러난다.

도덕적 판단을 결정해 주는 것은 바로 추론 능력이다. 도덕적 판단을 할 때 감정이나 죄의식 같은 정서적 요인도 작용하지만, 도덕적 상황을 판단하는 인지적 요소가 핵심적 역할을 하게 된다. 따라서 도덕 발달은 사회적 실체를 인식하고, 사회적 경험을 조직하고 통합할 수 있는 능력이 증대됨에 따라 이루어지게 된다.[8]

콜버그는 도덕적 문제에 관한 질문에 대답하는 내용이 아니라 도덕적 문제와 관련하여 인지 구조가 발달해 가는 과정에 관심을 가지고 연구를 하였다. 그 연구는 주로 도덕적 딜레마를 제시한 다음 그 반응들을 분석하는 식으로 이루어졌다. 콜버그는 이러한 연구를 통하여 피아제의 수준과 단계를 보다 세분화하여 도덕 발달 단계를 3수준 6단계로 체계화하였다.

콜버그는 정의의 개념에 준거해서 이러한 도덕 발달 단계를 규정하였다. 콜버그에게 있어서 도덕성의 가장 본질적인 구조는 정의 구조이며, 각 단계에서의 도덕적 판단은 이러한 정의의 범주와 구조들에 의해 정의된다. 콜버그는 상호성, 평등성, 보편화 가능성, 규정성 같은 정의의 범주들을 도덕 발달의 단계 도출을 위한 기본적 준거로 가정하였다.

콜버그는 남성들만으로 구성된 표본을 상대로 하여 도덕 판단 발달에 대한 연구를 하였다. 콜버그는 이 연구 과정에서 여성의 도덕 판단

---

8) Kohlberg(1970), op. cit., p. 15.

능력의 성숙에 대하여 의문을 제기하긴 했지만 여성이 남성과 똑같은 권리를 갖는다는 것을 부정하지는 않았다. 도덕적 추론 능력에 대한 콜버그의 판단 척도에 의하면, 그는 여성들이 남성보다 열등하다고 보았을 뿐만 아니라 여성이 남성과 똑같은 수준까지 도덕적으로 성숙할 수 있는 능력이 있다고 확신하지도 않았다. 콜버그의 이론에 내재된 이러한 성적 편견이 길리간이 배려 윤리를 제기한 결정적인 근거가 된다.

(2) 콜버그의 인지 도덕성 발달 단계

콜버그는 피아제가 도덕성을 타율적 도덕성과 자율적 도덕성으로 이분화함으로써 도덕성 발달을 지나치게 단순화했다고 비판하면서, 연구의 대상을 아동뿐만 아니라 성인에게까지 확대하여 도덕성의 발달 단계를 3수준 6단계로 체계화했다. 콜버그는 이러한 인간의 도덕성 발달 단계를 가상적인 딜레마에 대한 응답 결과를 분석하여 규명해 냈는데, 콜버그가 사용한 대표적인 딜레마는 하인즈(Heinz) 딜레마다.

유럽에서 한 여인이 암으로 죽어 가고 있었다. 그녀의 생명을 살릴 수 있는 아주 희귀한 약이 있었는데, 그 도시의 한 약사가 그 약을 만들어 내었다. 그 약사는 그 약을 만드는 데 소요된 비용의 무려 10배에 해당하는 2천 달러를 그 약값으로 책정하였다. 병든 아내의 남편인 하인즈는 돈을 빌릴 만한 모든 사람들을 찾아갔지만, 약값의 절반에 불과한 천 달러밖에 구하지 못했다. 하인즈는 약사에게 자기의 아내가 지금 죽어 가

고 있다고 말하면서 약을 좀 싸게 팔든지 아니면 모자라는 돈은 나중에
갚겠다고 사정해 보았다. 그러나 약사는 안 된다고 단호하게 말하였다.
하인즈는 아내를 위하여 약국에 몰래 들어가 약을 훔쳐야 하는가? 아니
면 훔치지 말아야 하는가?9)

콜버그는 딜레마에서 제기된 물음에 대하여, 단순히 "예, 아니오"라
고 대답하는 것은 의미가 없다고 보았기 때문에, 실제로 응답자의 행
동적 반응보다는 자기의 대답을 정당화시키기 위해 사용하는 응답자
의 사고 구조에 관심을 두었다. 그렇기 때문에 콜버그는 도덕적 추론
의 구조를 결정하기 위해서 사고의 구조를 파악할 수 있는 질문을 하
였다. 콜버그는 이러한 질문에 대한 응답자들의 반응을 여섯 가지로
분류하여 도덕적 추론의 발달 과정을 다음과 같이 3수준 6단계로 정
의하였다.10)

---

9) Kohlberg, op. cit., p. 379.
10) Ibid., pp. 54-56; 콜버그는 피아제의 단계(stage)에 대한 개념을 그대로 수용하
   여 사용하고 있다. 피아제는 '단계'가 다음과 같은 4가지 특성을 지닌다고 주
   장했다(Kohlberg, op. cit., pp. 98-99).
   첫째, 단계는 아동의 사고 양식에 있어서의 질적인 차이를 의미하며, 상이한
   단계에 있는 두 사람이 같은 가치를 공유할 수 있으나 가치에 대한 사고는
   질적으로 다르다.
   둘째, 단계들은 계열의 불변성을 포함하여 개인의 발달 내에서 불변적이고 보
   편적인 일정한 계열을 형성하며, 이를 통해 한 단계씩 상향 이동한다. 개인차
   와 사회 문화적 요인에 따라 발달 속도에 차이가 있으나 발달을 계속하는 한
   이 계열을 따르며, 그 순서를 바꾸지 못한다.
   셋째, 각 단계는 구조화된 전체를 형성하며 피상적인 다른 유형의 반응들을
   결합하는 심층 구조이므로 어떤 과제에 대한 반응은 구체적인 내용보다 그 기
   초가 되는 어떤 사고의 조직을 나타내며, 개인은 판단 수준에 있어서 일관성
   을 갖는다.

① 인습 이전 수준

이 수준에 있는 아이들은 착하게 처신하기도 하고 문화권에서 좋은 것과 나쁜 것이라고 알려져 있는 행위에 따르고 있지만, 그들은 이 행위들을 하고 난 후 받게 될 즉각적인 결과(처벌, 보상)에 준하여 이 행위들을 해석한다.

단계 1: 벌과 복종 정향(orientation)

이 단계에서는 행위의 물리적 결과가 그 행위의 좋고 옳음을 결정한다. 이때 그 행위 결과의 인간적 의미 또는 가치는 고려되지 못한다. 처벌을 피하고 권력이나 힘에 대해 무조건 존경을 보내는 것이 그 자체로서 가치 있는 것으로 간주된다.

단계 2: 도구적·상대주의적 정향

옳은 행위란 자신의 욕구를 충족시키는 행위이며 때로는 타인의 욕구를 충족시키는 행위라고도 생각한다. 여기에서 공정성, 상호성의 관념이 나타나는데, 이는 물리적이고 실용적인 방식으로 이해된다. 도덕 판단은 다음과 같은 이익의 도구적 교환을 통해서 이루어진다. "내 등을 긁어다오, 그러면 나도 네 등을 긁어 주겠다." 그리고 상호성은 정의가 아니라 자기 이익에 근거한다. 이처럼 이 단계는 기본적으로 이기주의에 근거하고 있다.

넷째, 단계들은 위계적 통합체이며 동일한 기능을 해내기 위해 점차적으로 분화되고 통합된 구조를 향해 나간다. 상위 단계들은 하위 단계들 속에서 발견되는 구조를 재통합하여 하위 구조의 모든 구조적 특성을 포함한다.

② 인습 수준

이 수준에서는 개인의 가정, 소속 집단, 국가의 기대와는 무관하게 그 자체로서의 가치가 평가된다. 이 수준에서는 단지 개인의 기대 충족이나 사회 질서에 순종하는 것뿐만 아니라 적극적으로 그 질서를 유지, 옹호, 정당화하고 충성심을 가지며, 그 속의 성원이나 집단과 일체감을 갖게 된다.

단계 3: 착한 소년·소녀 정향
착한 행동이란 다른 사람을 기쁘게 하거나 도와주는 것이며, 다른 사람에게 받아들여지는 행동이다. 행동은 때로 동기에 의해 판단된다. '그 사람 좋은 뜻을 가지고 있어'와 같은 판단이 처음으로 중요시되기 시작한다. 그는 착하게 행동함으로써 인정받는다.

단계 4: 법과 사회 질서 유지 정향
이 단계에서는 권위와 정해진 규칙과 사회 질서의 유지를 지향한다. 옳은 행위란 권위에 대한 존경을 나타내고, 사회 질서를 유지하기 위해 각자의 의무를 다하는 행위라고 본다. 따라서 이 단계에서는 사회를 정해진 규칙, 법, 권위의 체계로 생각하며, 그러한 규칙의 위반은 사회적 혼란을 가져온다고 생각한다.

③ 인습 이후 수준

이 수준은 자율과 원리의 수준이라고 할 수 있다. 이때까지의 발달 과정은 사회 체제에 대해 더 적절히 이해할 수 있는 방향으로 나가는 것이라고 할 수 있으나, 인습 이후 수준의 발달 과정은 이와는 다르다. 사회에 대한 적절한 이해보다는 사회와 개인이 도덕적으로 받아들여야 할 원리를 정립하는 단계라고 할 수 있다. 이러한 원리 중심적 사고는 특정한 법이나 규칙을 정당화하는 사고일 뿐만 아니라 모든 법이 도출되는 가장 기본적인 원리를 도출하고자 하는 사고이다.

단계 5: 사회 계약적 정향

옳은 행위란 일반적인 개인적 권리에 준해 성립되고, 사회에 의해 동의되고, 비판적으로 검토되는 표준에 의해서 규정된다. 개인적인 가치와 의견의 상대성에 대한 뚜렷한 각성이 있으며, 이 각성에 대응하는 합의에 이르기 위한 절차적 규칙을 강조한다는 명백한 인식이 있다. 권리란 합법적으로 그리고 민주적으로 동의할 수 있는 것이라기보다는 개인적 가치와 의견의 문제이다. 그 결과 법률적 관점에 대한 강조를 낳지만 합리적 숙고에 준한 법의 가변성에 대한 가능성을 강조한다. 만약 법이 사람들이 필요로 하는 것을 충족시키지 못한다고 생각되면, 상호 동의와 민주적인 절차를 통해서 언제든지 변경할 수 있다. 따라서 법률적 영역 밖에 있는 자유로운 협약과 계약이 의무의 강제적 요소가 된다.

단계 6: 보편적 도덕 원리 정향

이 단계에서는 법을 초월하는 어떤 추상적이고 보편적인 원리에 대한 보다 명확한 개념이 형성된다. 이러한 원리들은 모든 사람에 대한 정당성과 존엄성을 포함한다. 이 단계에서 최고의 목표는 보편적

인 도덕 원리를 추구하는 것이라고 할 수 있으며, 이는 도덕 추론의
발달 과정에 있어서 최종 단계라 할 수 있다. 무엇이 올바른가는 양
심이 자율적으로 선택한 도덕적 원리에 비추어 결정한다. 이러한 원
리를 채택하는 기준은 논리적 일관성, 보편성 등이며, 궁극적으로는
만인의 권리가 평등할 것과 상호적일 것을 보장하는 보편적 정의의
원리이다. 즉 이 단계에서 도덕적으로 성숙한 행위자는 정의의 원리
를 자신의 최고 행위 원리로 채택한다.

이처럼 콜버그는 도덕성 발달 단계를 6단계로 구분하고, 최고로 성
숙한 제6단계에서는 보편적 원리로서 정의의 원리를 최고의 행위 원
리로 채택한다고 주장하였다. 보편적 원리로서의 정의란, 특정한 단계
의 도덕성 발달 수준을 평가하는 준거이며, 도덕성 발달의 모든 단계
에 내포되어 있고 제6단계에 이르러 비로소 그 의미가 실현되는 보편
적인 도덕적 판단 형식이다. 결국 도덕성 발달이란 사실 또는 도덕 이
외의 가치나 판단 형식들로부터 미분화되었던 도덕적 판단 형식들이
점차 정의의 원리라는 순수한 도덕적 판단 형식에로 분화 통합되는 과
정을 의미한다.

그리고 도덕성 발달이 제6단계에 도달하게 되면 비로소 순수한 도
덕적 형식으로서의 정의의 원리 안으로 그 이전의 모든 판단 형식이
통합된다. 이때 비로소 정의의 원리는 순수한 도덕적 판단 형식의 내
용 또는 의미라고 할 수 있는 처방성과 보편성을 갖게 된다. 이런 입장
에서 콜버그는 제6단계를 개인이 갖추고 있어야 할 최고의 도덕성의
단계로 설정하고, 이를 자율적 도덕성의 단계라고 보았다. 콜버그에
의하면, 이와 같은 형식적 도덕 원리로서의 정의의 원리는 정직 등과

같은 구체적인 행위 규칙이 아니며, 역할 채택 과정에 함의되어 있을 뿐만 아니라 도덕적 갈등 사태를 해결하는 데 있어서 받아들여야 할 유일한 도덕적 행위 원리이다.

또 콜버그에게 있어서 정의란 권리의 주장이 상호 대립할 때 이를 도덕적으로 해결해 주는 원리로서 평등과 상호성을 포함한다.[11] 정의 이외에 철학자들에 의해 심각히 개진된 내용을 지닌 유일한 일반적 원리로는 유용성 또는 자선의 원리가 있다. 그러나 콜버그는 사랑, 감정이입, 인간적 관심, 인도주의 등의 의미를 가진 자선은 결코 선택의 원리가 될 수 없다고 말한다. 곧 자선은 행동의 안내자가 될 수 없다는 것이다. 그는 감정이입 또는 역할 채택과 같은 타인의 복지에 대한 관심은 갈등 해결을 위한 심리 기제라기보다는 도덕적 갈등을 경험하기 위한 전제 조건에 해당된다고 보았다. 콜버그가 제시한 정의 개념은 "모든 행복을 동등하게 고려하기보다는 모든 사람의 도덕적 권리의 주장을 동등하게 고려하라"고 말한다.

도덕 원리로서 정의에 관한 이러한 논의들은 다음과 같이 요약할 수 있다.[12]

첫째, 심리학적으로 감정이입, 동정심, 역할 채택과 같은 복지에 대한 관심과 정의에 대한 관심은 시작 단계에서부터 마지막 단계에 이르기까지 전 단계에 걸쳐 나타난다. 그리고 발달의 진행에서, 보다 분화되고 통합되고 그리고 보편화된 형식을 취한다.

둘째, 가장 높은 발달 단계에서는 정의만이 원리의 특성을 드러내

---

11) Ibid., pp. 258-259.
12) Ibid., pp. 230-231.

준다. 정의만이 의무적이고 범주적인 것으로서 복지와 법보다 우선할 것이다.

셋째, 정의 이외의 원리들은 인습적 도덕성 혹은 계약적 도덕성(5단계) 중 어느 하나를 초월하려고 애쓰는 사람들에 의해 시도될 수 있다. 그러나 그 원리들은 도덕적 갈등을 해소하지 못하기 때문에 혹은 직관적으로 잘못이라고 생각되는 방식으로 갈등을 해소하기 때문에 이 원리들은 원리로서 작용하지 못한다.

넷째, 정의가 유일하게 만족스러운 원리라는 것은, 보다 낮은 단계의 도덕성의 핵심에 대해서도 정의를 행사하는 유일한 원리라는 사실에서도 증명된다.

다섯째, 이것은 시민 불복종의 상황에서 가장 명백히 드러난다. 오로지 정의의 원리만이 시민 불복종이 언제나 나쁘다고 여기는 단계 5의 계약법적 논증을 극복할 수 있는 합당한 이유를 제공해 줄 것이다.

콜버그는 '사회의 주된 가치는 도덕적 가치이고, 우리 사회에서 주된 도덕적 가치는 정의의 가치'라고 주장하면서 정의의 가치를 최고의 도덕적 가치이자 최고의 도덕적 원리라고 밝히고 있다. 이에 반하여 정의 이외의 요소, 특히 감정이입, 동정심, 타인에 대한 고려 등과 같은 복지에 대한 관심은 도덕적 성숙의 기준이 될 수 없다고 보면서 정의의 우선성을 강조한다. 콜버그의 이러한 입장은 길리간에 의해서 크게 비판받았고 배려 윤리가 등장하게 된 배경으로 작용하게 된다.

(3) 콜버그의 인지 도덕 교육론

콜버그는 도덕 교육에 관한 연구를 통해서, 기존의 중요한 도덕 교육 이론으로 작용했던 덕목주의적 접근과 가치 명료화 접근을 비판하고, 그 대안으로서 인지 도덕 교육론을 제시했다. 먼저 콜버그는 이전의 도덕 교육 방법이 윤리적 상대주의에 근거하고 있다는 점을 강하게 비판하였다. 많은 학교에서는 교화나 지시를 통해서 여러 가지 덕목들을 도덕 교육의 내용으로서 가르치고 있지만, 실제로 그러한 덕목은 없으며, 있다 해도 배울 수 있는 것이 아니라는 것이다. 또 있다고 해도 그것들을 어떻게 가르칠 수 있는지 알 수 없다는 이유로 이러한 접근법을 덕목 수합적 접근(bag of virtue approach)이라고 비판하였다. 콜버그는 이러한 전통적인 도덕 교육 접근법들이 지니고 있는 교화나 상대주의 문제를 피할 수 있는 대안적인 도덕 교육 방법으로 인지 도덕 교육론을 제시하였다.

콜버그는 덕목주의나 가치 명료화 접근 방법들과는 달리 자신의 도덕 교육은 아동 자신의 도덕 판단의 자연적 발달을 자극하는 일이며, 도덕 교육의 궁극적인 목적은 사람들이 도덕성 발달의 최고 단계인 제6단계, 즉 보편적인 도덕 원리의 단계까지 발달하도록 해주는 데 있다고 주장한다. 또한 콜버그는 도덕 교육의 방법으로서 교화가 아닌 도덕적 갈등 사태에서의 역할 채택과 도덕적 딜레마의 자율적인 해결을 통하여 아동들로 하여금 보다 높은 수준의 도덕 발달 단계로 나갈 수 있도록 자극하는 방식을 강조한다. 그것은 학생들에게 실질적 혹은 가설적 딜레마를 통해 무엇이 옳은가에 대한 의견 충돌과 불확실한 국면을 제기하는 것이다.

콜버그는 위에서 언급한 것처럼 역할 채택과 도덕적 딜레마의 자율적인 해결을 통하여 아동들로 하여금 보다 높은 수준의 도덕성 발달 단계로 나갈 수 있도록 자극하는 일련의 활동 과정을 도덕 교육으로 규정하였다. 곧 도덕 교육은 사회 규범을 내면화하는 사회화나 적응이 아니라, 아이들이 문제 사태에 직면하여 그것을 도덕적 사태로 받아들이고, 자유롭게 도덕 판단을 하며, 결국은 그 판단이 보편적인 원리인 정의에 따르는 보다 상위 단계로 발달해 갈 수 있도록 도덕적 추론 능력을 키워 주는 것이라고 보았다.

인지 도덕 교육론에서 교사의 기본 역할은 학생들에게 딜레마를 제시하고 추리 작용을 일으키며, 서로서로의 추리에 귀기울이도록 해주는 소크라테스식 질문을 던지는 일이다.13) 이와 같이 교사가 학생들의 도덕 발달을 자극시키기 위해서는 무엇이 학생들의 현재의 발달 단계 보다 더 높은 단계로 그들의 발달을 촉진 또는 자극할 수 있는가를 이해해야 하며, 학생들에게 진정으로 도덕적 갈등을 일으킬 수 있는 딜레마를 제시해 주어야 한다. 그리고 교사는 학생들에게 새로운 인지 갈등을 불러일으켜 주어야 한다. 이러한 과정은 교사와 학생, 학생과 학생간의 상호 작용, 즉 의사소통에 의하여 이루어진다. 이러한 콜버그의 도덕 교육의 기본 원리는 크게 4가지로 요약할 수 있다.14)

첫째, 도덕 교육은 학생들의 발달을 조장해 주어야 한다.

둘째, 학생들의 도덕 발달을 촉진하기 위해서는 학생들에게 인지 불

---

13) Ibid., p. 65.
14) J. B. Arbuthnot & D. Faust, *Teaching Moral Reasoning: Theory and Practice*(New York: Harper & Row, 1981), pp. 297-298.

균형(disequilibrium)을 인위적으로 조성해 주어야 한다.

셋째, 교사의 역할은 학생들에게 인지 불균형 상태를 자극시켜 주거나, 더 상위 단계의 추론에 해당되는 경험들을 만들어 주는 것이다.

넷째, 교사는 단체 활동에 참가 여부를 결정할 수 있고, 자신의 가치 체계나 신념을 자유롭게 채택할 수 있는 학생들의 권리를 보호해 주어야만 한다.

(4) 콜버그의 도덕성 발달론에 대한 비판

그 동안 콜버그의 인지 도덕 발달론은 도덕 교육에 큰 공헌을 하고 그 영향력을 행사해 왔지만, 도덕 철학자와 심리학자들로부터 많은 비판을 받았다. 콜버그는 이러한 비판들에 대응하면서 이론을 수정하였지만 그에 대한 비판은 계속되어 왔다. 여기서는 콜버그의 이론에 대한 다양한 비판들 가운데서 길리간이 배려 윤리를 주장하면서 제기했던 남성 중심적인 편견에 대한 비판을 고찰해 보고자 한다.

길리간은 콜버그가 여성의 도덕성 발달에서 나타날 수 있는 차이점을 전혀 고려하지 않고 자신의 이론을 구축했다는 점을 비판하였다. 콜버그의 연구에서 표본으로 삼고 있는 집단 속에 여성은 한 명도 포함되지 않았는데, 콜버그는 단계를 보편적인 것이라고 주장하고 있다는 것이다. 길리간은 이러한 점에 근거해서 콜버그의 연구 방법이 남성 중심적인 편견을 내포하고 있다고 비판한다.

콜버그의 척도로 여성의 도덕성 발달 단계를 측정해 보면 대부분의 여성들은 제3단계를 넘어서지 못한다. 제3단계에서 도덕성은 개인들간의 상호 관계로 해석되는데, 길리간은 이를 연구의 출발점으로 삼고 있다.[15] 길리간에 의하면, 제3단계에 속하는 행위자들은 도덕을 대인 관계적인 것으로 파악하고, 선함이라는 것도 다른 사람들을 도와주거나 즐겁게 해주는 것과 동일시한다. 콜버그와 크레이머(R. Kramer)는 집안에 있는 많은 성인 여성들이 이러한 가치관을 지닌 것으로 보았다. 이들은 여성들이 4, 5, 6단계로 발달해 가기 위해서는 전통적으로 남성의 활동이라 여겨졌던 활동에 참여하여 자신들의 도덕적 관점이 부적합하다는 것을 인식해야만 한다고 주장했다.[16]

그런데 콜버그의 도덕 발달 척도에 따르면, 다른 사람의 필요에 응답하고 다른 사람을 배려하는 것과 같은, 전통적으로 여성적 덕성으로 규정되었던 바로 그 특성들 때문에 여성들은 도덕 발달에서 열등한 것으로 규정되고 있다. 이처럼 여성이 남성보다 도덕성 발달에 있어서 낮게 평가된 것은 콜버그가 여성에게는 부적절한 남성의 척도를 가지고 여성의 도덕성 발달을 측정했기 때문이라고 길리간은 비판했다. 길리간은 더 나아가서 여성에게는 남성과 질적으로 다른 도덕 발달 단계가 있다고 주장했다. 곧 여성은 남성과 달리 배려나 책임에 토대를 둔 도덕 개념에 부합하는 도덕 발달의 경로를 밟는다는 것이다.

길리간은 콜버그가 여성들과 여성의 도덕적 관점을 배제하고 있다는 점을 콜버그 이론이 가지고 있는 중대한 결점이라고 지적하였다.[17] 하지만 콜버그의 정의 도덕성론에서는 이러한 측면을 인식하지 못했

---

15) L. Kohlberg, op. cit., p. 18.
16) L. Kohlberg & Kramer, "Continuities and discontinuties in Childhood and Adult Moral Development," *Human Development* 12(1969), pp. 93-120.
17) Ibid., pp. 18-20.

다. 오히려 이러한 상황에서 어떤 행위자의 발달이 남성적 기준과 차이가 많을수록 발달에 실패한 것으로 여겨진다. 그런데 여성의 발달을 더 잘 설명할 수 있는 대안적인 기준이 정의 윤리에 없다는 것은 남성 연구 대상들에 대해 남성 학자들이 수행한 연구에서 입증된 이론들이 한계가 있다는 것을 반증해 주며, 여성의 도덕성 발달을 제대로 설명할 수 있는 새로운 기준이 요청된다고 보았다.18) 그 새로운 기준이 바로 배려 윤리라는 것이다.

실제로 콜버그는 여성을 배제한 채 남성만을 표본으로 해서 연구를 진행하였으며, 이들의 반응으로부터 그의 채점 방식을 개발하였다. 그 결과 콜버그의 척도에 따를 때, 도덕 발달이 가장 미약하게 나타나는 집단이 바로 여성인데, 대부분의 여성들은 콜버그의 단계들 중 제3단계에 속한 것으로 평가된다. 길리간은 이러한 결과가 나오게 된 근본적인 이유는 전통적인 정의 윤리에서는 남성적 척도인 정의만을 도덕 발달의 기준으로 삼고 있기 때문이라고 보았다.

길리간은 여성과 남성은 근본적으로 상이한 도덕 이론과 도덕적 언어를 사용하고 있다고 주장한다. 곧 자율성과 독립성을 강조하는 남성들과는 달리 여성들은 인간 관계, 친밀감, 상호 의존성 등을 소중하게 여긴다는 것이다. 따라서 남성의 목소리인 정의의 원리뿐만 아니라 여성의 목소리인 배려의 원리도 도덕적 기준이 될 수 있다고 주장한다. 길리간도 발달론적인 입장에서 배려 윤리를 정의의 도덕성과 대비되는 여성적 특징을 나타내는 도덕적 기준으로 제시하면서 배려 윤리의 발달 과정을 제시하였다.19) 길리간은 이처럼 기존의 지배적 도덕 이론

---

18) Gilligan(1982), op. cit., pp. 19-20.
19) Ibid., pp. 73-74.

이었던 정의 도덕성 발달론의 근본적인 한계라 할 수 있는 성적 편견
의 문제를 극복하기 위한 대안으로서 여성의 도덕적 목소리를 의미하
는 배려 윤리를 제시하였다.[20]

2. 정의의 도덕성과 배려의 윤리

(1) 두 도덕성의 특징과 차이

길리간에 따르면, 도덕성은 정의와 배려라는 두 도덕성으로 구성되
고, 두 도덕성은 성과 연관되어 있는데, 기존의 지배적인 도덕성 이론
이었던 정의 윤리에서는 주로 여성적 특성을 반영하는 배려의 윤리는
무시하고 배제한 채 주로 남성적 특성만을 반영하여 도덕성을 정의의
관점에서만 편협하게 정의해 왔다고 한다. 남성적 특성만을 반영하는
정의 도덕성의 관점에서 여성의 도덕성을 평가했기 때문에 여성은 남
성에 비해 도덕적으로 열등한 존재로 평가받을 수밖에 없었다는 것이
다. 따라서 여성의 도덕성을 제대로 반영하고, 정당하게 평가하기 위

---

20) Carol Gilligan, *In a Different Voice: Psychological Theory and Women's Development*
(Cambridge: Harvard University Press, 1982). 이 책에서는 인지 도덕 발달론이
보편적인 원리로서 정의의 원리를 최고의 도덕 원리로 설정하고 있다는 점을
반영하여 이를 문맥에 따라서 정의 도덕성론, 또는 정의 윤리, 정의의 목소리,
남성의 목소리로 혼용하여 사용한다. 또 길리간이 제창한 배려 윤리도 문맥에
따라서 배려 도덕성, 여성의 윤리, 여성의 도덕성이라는 개념으로 혼용해서
사용한다.

해서는 기존의 정의 윤리뿐만 아니라 배려 윤리가 필요하다고 길리간
은 주장한다. 길리간은 이러한 문제 의식에서 출발하여 남성의 도덕적
목소리와 구분되는 여성의 도덕적 목소리가 존재함을 경험적 연구를
통해서 입증하고 이에 근거해서 도덕성이 정의의 도덕성뿐만 아니라
배려의 도덕성에 의해서도 정의될 수 있다고 주장하였다.[21]

　　길리간은 이러한 두 도덕적 정향은 서로 구별되는 도덕적 목소리로
서 상이한 자아관과 도덕관, 인간 관계관을 가지고 있다고 보았다. 곧
남성과 여성은 전통적으로 그들의 기본적인 삶의 정향, 특히 자아와
도덕성에 대한 개념에서 다르고, 서로 다른 발달 경로를 밟고 있다는
것이다. 길리간은 남성들에게서는 분리와 자율성이 중요하기 때문에
그들은 정의, 공정성, 규칙, 권리들의 문제를 중심으로 도덕을 논의한
반면에, 여성들에게는 가족과 친구가 중요하기 때문에 그들은 사람들
의 소망, 필요, 관심 그리고 열망 등을 중심으로 도덕을 논의한다는 사
실을 통해서 남녀가 도덕적으로 상이한 특성을 가지고 있다는 것을 입
증하고자 하였다.

　　길리간은 정의와 배려의 목소리가 서로 구분되는 상이한 도덕적 목
소리로서 성과 밀접하게 관련되어 있다는 것을 보이기 위해 하인즈 딜
레마에 대한 11세 소년인 제이크(Jake)와 11세 소녀인 에이미(Amy)의
대답을 인용하고 있다.[22]

　　이 딜레마에서 정의의 목소리를 보여 주고 있는 제이크는 콜버그와

---

21) 길리간은 도덕적 정향, 도덕적 관점, 도덕적 목소리를 같은 의미로 사용하였
　　다. 이 책에서도 길리간의 입장에 기초해서 남성의 도덕적 관점, 즉 정의 윤리
　　를 정의 목소리 또는 남성적 목소리로, 여성의 도덕적 관점, 즉 배려 윤리를
　　배려의 목소리 또는 여성적 목소리로 사용하였다.

22) Ibid., pp. 25-39; pp. 49-51.

동일한 논리를 따른다. 즉 제이크는 재산의 가치와 생명의 가치가 충돌한다고 규정한 다음 자신의 선택을 정당화하기 위하여 다음과 같은 논리를 전개하고 있다.

사람의 생명은 돈보다 중요해요. 약사는 1,000달러만 벌어도 살아갈 수 있지만 하인즈가 약을 훔치지 않는다면 그의 아내는 죽을 거예요.[23]

또한 제이크는 도덕적 딜레마를 수학적 문제, 즉 하나의 방정식으로 규정하고 그 해결을 시도한다. 그는 이 딜레마에 대한 해답은 합리적으로 도출될 수 있기 때문에 합리적인 사람이라면 누구라도 같은 결론을 얻게 될 것이라고 보고 있다. 따라서 법관도 하인즈가 약을 훔치는 것이 옳다고 판단할 것이라고 주장한다.

제이크와는 반대로 에이미는 배려의 목소리를 보여 주고 있다. 에이미는 논리에 대한 이해가 부족하고 스스로 생각하는 능력이 모자라 발달이 늦은 모습을 보여 주고 있다. 이러한 모습은 하인즈가 약을 훔쳐야 되는지에 대한 질문에 에이미가 다음과 같이 대답하는 것을 통해서 드러나고 있다.

글쎄요. 그래서는 안될 것 같은데요. 약을 훔치는 것 외에 무슨 다른 방법이 있지 않을까요? 돈을 빌린다든가 말이죠? 그래도 하인즈는 정말 약을 훔쳐서는 안돼요. 하지만 그의 아내가 죽는 것도 안 되죠.[24]

---

23) Gilligan(1982), op.cit., p. 26.
24) Ibid., p. 28.

또한 에이미는 왜 하인즈가 약을 훔쳐서는 안 되는가라는 물음에 대해서 다음과 같이 재산이나 법이 아니라 약을 훔치는 행위가 하인즈와 아내의 관계에 미칠 영향을 고려하고 있다

> 만약 그가 약을 훔친다면 아내를 구할 수 있겠지만 아마도 감옥에 가야겠죠 그러면 아내는 더 아프게 될 수도 있잖아요 그리고 그는 더 이상 약을 얻을 수도 없기 때문에 결과적으로 좋을 게 하나도 없죠 그래서 그들은 좀더 얘기를 해보고 돈을 얻을 수 있는 다른 방법을 찾아야 될 것 같아요[25]

여아인 에이미는 이 딜레마를 인간 활동에 적용되는 추상적인 수학 문제로 보지 않고 시간의 흐름이 개입된 인간 관계에 대한 하나의 이야기로 본다. 또한 에이미는 인간 관계가 유지되어야만 아내가 살 수 있다고 보기 때문에 아내의 생명에 대한 가치를 인간 관계 안에서 고려한다. 에이미는 이 세계를 홀로 선 사람들만으로 혹은 규칙의 체계를 통해서 만들어진 것이 아니라 인간 관계들로 이루어진 것으로 보고 있기 때문에 이 딜레마는 약사가 하인즈 아내의 필요에 응답하지 못한 데서 생겨난 것으로 여기고 있다.

제이크와 에이미는 둘 다 딜레마를 해결하기 위해서는 합의가 필요하다는 점에서 일치하고 있다. 하지만 제이크는 공적인 논리와 법 체계를 통해서 합의가 필요하다고 생각하는 데 반하여, 에이미는 사적인 관계 안에서 대화를 통해 합의가 이루어져야 한다고 봄으로써 합의의

---

25) Ibid., p. 28.

방식에 대해서는 상이한 입장을 보이고 있다.

길리간은 하인즈의 딜레마에서 두 아이들이 매우 다른 도덕 문제를 발견한다는 것에 주목하였다. 제이크는 연역적 논리에 의해 해소될 수 있는 생명권과 재산권 사이의 충돌을 발견한 반면, 에이미는 사람들이 대화를 통해 해결해야 하는 인간 관계의 균열을 발견한다. 콜버그의 질문은 여아가 보지 못하는 무엇을 남아가 보는가라는 질문에는 명쾌한 답을 제공하지만 남아가 보지 못한 무엇을 여아가 보는가라는 질문에는 아무런 대답도 제시해 주지 못했다.

길리간에 따르면, 이들은 책임에 대한 질문에서도 대조적인 반응을 보여 준다.26) 제이크는 자신에 대한 책임을 먼저 고려하고 그 다음에 다른 사람들에 대한 책임을 생각한다는 것이다. 에이미는 선택을 하는 사람의 특성과 상황에 따라 선택이 달라질 수 있음을 인정하여 무조건적인 대답보다는 맥락적인 대답을 제시한다. 에이미에게 있어서 남에 대해 책임을 진다는 것은 남의 필요에 응답하는 것을 의미하며, 자기 행위의 범주를 제약하는 것이 아니라 오히려 확장하는 것이다. 그러므로 누구에 대해 책임을 진다는 것은 침범의 행위를 절제하는 것이 아니고 배려의 행위를 능동적으로 수행하는 것이다. 제이크가 침해의 가능성을 최소화하는 데 중점을 둔 반면, 에이미는 남들의 필요에 응답해야 한다는 당위성에 중점을 둔다.

길리간은 한 행위자의 도덕관에는 사회적 관계에 대한 그의 이해가 반영되어 있기 때문에 인간 관계에 대한 이러한 상반된 묘사는 상이한 도덕관을 내포하고 있다고 보고 있다. 두 아이 모두 남에게 피해를 주

---

26) Ibid., pp. 35-72.

지 않기를 바라지만 남에게 피해를 주는 상황에 대해서는 상이한 관점을 취한다는 것이다. 제이크가 보기에 어떤 사람이 피해를 입는 경우는 그의 권리가 침해되었을 때이며, 에이미가 보기에는 그의 필요에 대해 적절한 응답이 없을 때라는 것이다.

길리간은 이 두 아이의 대답을 통해서 도덕 발달의 궤도도 매우 상이하다고 주장한다. 제이크에게서 발달은 다른 사람들이 자기와 평등한 존재라는 것을 인식하고, 인간 관계를 맺는 안전한 방법을 발견할 때 이루어진다. 에이미에게서 발달은 확대되는 인간 관계의 그물 조직 속에 자신을 포함시키고, 남들로부터 독립하는 것이 반드시 고립되는 것이 아니라 오히려 자신을 보호하는 것일 수 있다는 점을 깨달을 때 이루어진다는 것이다.

또한 길리간은 남녀의 인간 관계관의 차이를 폴락(S. Pollak)과 자신의 TAT그림에 대한 대학생들의 반응 연구와 호르너(M. Horner, 1968)의 연구를 인용해 해석하였는데, 남성들은 공적인 성취 상황에서보다 사적인 인간 관계에서 더 많이 위험을 느끼고, 인간 관계의 친밀성 때문에 위험이 일어나는 것으로 해석하는 반면, 여성들은 공적인 성취 상황에서 위험을 느끼며, 경쟁적 상황에서 얻은 성공 때문에 위험이 일어난다고 해석한다.[27]

길리간은 제이크와 에이미의 딜레마에 대한 응답에 대한 연구 및 남녀의 공격성에서의 차이에 대한 연구 등을 통해서 정의의 목소리와 구분되는 배려의 목소리가 존재한다는 사실과, 이 두 목소리는 서로 명확하게 구별되는 상이한 목소리라는 것을 입증하고자 하였다. 우리

---

27) Ibid., pp. 41-42.

는 길리간의 연구 결과들을 근거로 해서 배려의 목소리와 정의의 목소리, 즉 배려 윤리와 정의 윤리의 특징과 차이점을 다음과 같이 요약해 볼 수 있다.

첫째, 배려 윤리는 책임간의 갈등을, 정의 윤리는 권리간의 갈등을 도덕적 문제의 원인으로 보고 있다.

둘째, 배려 윤리는 맥락적, 내러티브적(narrative)인 사고 방식과 포함(inclusion)의 방법을 가지고, 정의 윤리는 형식적, 추상적 사고 방식을 통해서 요구들간의 균형을 유지하는 공정성의 방법을 가지고 이러한 갈등을 해결한다.

셋째, 배려 윤리는 자아를 거미줄 같은 관계의 망을 통해서 연결된 애착의 상호 의존적 자아로, 정의 윤리는 자아를 분리된 개별적·자율적 자아로 정의한다.

넷째, 배려 윤리는 책임과 인간 관계에 대한 이해를 도덕 발달의 중심에 둔 반면에 정의 윤리는 권리와 규칙에 대한 이해를 도덕 발달의 중심에 두고 있다.

다섯째, 배려 윤리는 상호 의존성, 의사소통, 그리고 책임을 고려하면서 관계를 유지하는 것을 강조한 반면에 정의 윤리는 의무, 책무, 헌신, 원리를 고려하면서 독립을 유지하는 것을 강조한다.

여섯째, 배려 윤리는 개인화나 분리 상황에서 정체감의 위협을 느끼는 반면에 정의 윤리는 친밀감에서 정체감의 위협을 느낀다.

일곱째, 배려 윤리는 "곤경에 빠진 사람을 외면하지 말라"는 도덕적 명령의 형식을 취하는 반면에 정의 윤리는 "다른 사람을 부당하게 대우하지 말라"는 도덕적 명령의 형식을 취한다.

(2) 도덕성에서의 성차의 기원

앞에서 살펴본 것처럼 정의 윤리와 배려 윤리는 서로 상이한 도덕
적 정향들일 뿐만 아니라 성과 연관되어 있다고 볼 수 있다. 길리간은
이러한 두 도덕성의 차이가 아동기의 양육 경험에서 기원한다고 보고
이를 경험적인 연구를 통하여 입증하고자 하였다. 길리간은 위긴스(G.
Wiggins)와의 공동 연구를 통해서 정의와 배려의 도덕성이 아동기의
불평등과 애착에 대한 인간 관계적 경험에서 유래한다는 것을 다음과
같이 밝히고 있다.

우리는 도덕성의 기원을 어린 아이들이 타인과의 관계 속에서 자아를 인
식하는 데에 두고 있으며, 서로 다른 방식으로 그러한 인식을 형성하는
어린 시기의 인간 관계에서 두 개의 영역을 규명한다. 하나의 영역은 불
평등/평등의 영역이고 다른 하나의 영역은 애착/분리의 영역이다.[28]

길리간과 위긴스에 따르면 첫번째 영역은 불평등의 영역으로서 이
영역은 아이들이 자신들을 성인이나 나이가 더 많은 연장자들보다 더
작고 능력이 부족하다고 보는 인식에 반영된다고 한다. 그리고 이 아
이들은 자신들을 표준적인 성인에 비해 어린 아이로 인식한다는 것이
다. 또한 이러한 무기력과 불평등의 경험들은 독립과 평등을 추구하게
만들 뿐만 아니라 공정성과 자율성의 개념이 자리잡을 수 있는 풍부한

---

28) C. Gilligan & G. Wiggins, "The Origin of Morality in Early Childhood
Relationships," in J. Kagan & S. Lamb(eds.), *The Emergence of Morality in Young
Children*(Chicago: University of Chicago Press, 1987), p. 114.

근거를 제공해 준다고 한다.

길리간과 위긴스는, 이러한 불평등의 경험은 도덕 발달론자들, 곧 인지 발달론자들뿐만 아니라 정신분석학적 전통에서 강조되어 왔으며, 아이들이 다른 사람과 관련해서 무력감을 느끼고 자신들보다 강력한 타인에게 의존하고 있다는 감정을 강조할 때 반영된다고 주장한다.[29] 길리간과 위긴스에 따르면, 심리학자들은 어린 아이들의 억압된 상황을 강조함으로써 도덕성을 정의(justice)로 정의하고, 아이들이 평등과 독립을 향해 나아가는 것을 발달로 보고 이를 아이들의 진보와 결합시켰다고 한다.

두 번째 영역은 애착의 영역으로서 어린 아이들은 불평등과 애착을 함께 경험한다고 한다. 어린 아이들은 자신들을 배려하는 사람을 사랑하기 때문에 그 사람들 곁에 가고 싶어하고, 그들을 알고 싶어하고, 그들을 인식할 수 있기를 바랄 뿐만 아니라 그들이 떠날 때는 슬픔을 느낀다고 한다. 길리간과 위긴스에 의하면, 이러한 애착의 맥락에서 어린 아이는 인간의 상호 작용의 패턴을 발견하고, 사람들이 배려하는 방법과 서로에게 상처를 주는 방식들을 목격하게 되고, 애착과 연결된 경험들이 성장한 이후에 동정심·사랑·이타주의를 낳는 그러한 성향의 근거가 된다고 한다. 길리간과 위긴스에 따르면, 이러한 애착 관계가 주는 도덕적 함축은 일반적으로 발달 이론에서 간과되어 왔다. 왜냐하면 부분적으로는 다른 사람과 관계를 형성하고 지속하는 아동의 적극성보다는 초기 아동기의 사랑이 갖는 수동성이 강조되어 왔기 때문이다.[30]

---

29) Ibid., p. 114.
30) Ibid., p. 115.

이들에 따르면, 이러한 초기 아동기의 불평등과 애착의 상이한 역동
성이 두 도덕적 비전, 즉 정의 도덕성과 배려 도덕성에 근거를 제공해
준다고 한다. 정의와 배려 윤리에서 도덕적 명령의 형식은 서로 명확
하게 구분된다. 정의 윤리에서는 "다른 사람을 부당하게 대우하지 말
라"는 형식을 취하고, 배려 윤리에서는 "곤경에 빠진 사람을 외면하지
말라"는 명령의 형식을 취한다. 이러한 두 도덕적 명령이 바로 도덕
발달의 두 경로를 가장 잘 정의해 주고 있다. 길리간과 위긴스는, 전자
의 명령은 불평등의 경험에, 후자의 명령은 애착의 경험에 근거한 것
으로서 각각 정의의 정향과 배려의 정향을 의미한다고 보았다. 동시에
이들은 이 도덕적 명령이 도덕적 판단과 도덕적 행위를 평가하는 서로
다른 기준을 제시해 준다고 보았다.

또한 길리간은 남아와 여아가 모두 보편적으로 경험하는 이러한 애
착과 불평등의 경험이 어떻게 배려와 정의의 도덕적 정향의 기원이 될
수 있는가를 쳐도로우의 대상 관계 이론을 통해서 설명하였다.

쳐도로우에 따르면, 성 역할 사회화 과정이 아동들로 하여금 정의나
배려 중에서 한 가지 정향만을 강조하도록 만든다.[31] 쳐도로우는 남성
과 여성의 도덕적 정향은 모자녀 관계 초기에 불변적으로 형성된다고
주장한다. 그리고 보편적으로 여성이 초기 아동 양육을 책임지고 있기
때문에 성별 정체감이 형성되는 과정은 남아와 여아가 다를 수밖에 없
다. 남아들은 자신과 다른 성(sex)에 속하는 어머니와의 대조를 통해
자신을 발견하지만, 여아들은 자신과 다른 성에 속하는 아버지와의 유
사성을 통해서 자신을 발견한다는 것이다. 따라서 여성의 정체감은 계

---

31) Ibid., pp. 116-117.

속적인 인간 관계 속에서 형성되는데, 그것은 어머니가 딸을 자신과
비슷하게 그리고 자신의 연속선상에서 경험하는 경향이 있기 때문이
다. 따라서 여아는 자신을 여성으로 인식하는 과정에서 자신이 어머니
와 비슷하다고 느끼고, 정체감을 형성하는 과정에서 애착 관계의 경험
을 흡수하게 된다.

이와는 달리 어머니는 아들을 자신과는 대비되는 남성으로서 경험
하게 되고, 남아는 자신을 남성으로 규정하는 과정에서 스스로 어머니
로부터 분리됨으로써 자신이 최초로 느낀 사랑과 공감대로부터 단절
된다. 이 과정에서 남아들은 삶에서 의미있는 타자와 본질적으로 다르
다는 생각을 발달시킨다. 반대로 여아들은 자신과 타인간의 근본적 유
사성을 경험한다. 반면 남아들은 자신의 일차적 애정과 공감적 유대감
을 감소시키는 보다 단호한 개체화를 추구하는 경향이 있다.[32]

길리간은 이러한 쳐도로우의 이론에 근거해서 두 도덕적 정향이 성
과 관련돼 발달해 간다는 것을 다음과 같이 설명하고 있다.

여성과 남성은 인간 관계의 문제, 특히 다른 사람에게 의존하는 것과 관
련된 문제를 다르게 경험한다. 남성적 발달에서는 어머니로부터의 독립
이 핵심적이기 때문에 남아들과 남성들의 성별 정체감은 독립이나 개인
화와 깊은 관련이 있다. 이와 달리 여성들의 성별 정체감은 어머니로부
터의 독립이나 개인화 과정이 완성되는 것에 의존하지 않는다. 남성성이
독립을 통해서 규정되고 여성성이 애착 관계를 통해서 규정되므로 남성
적 정체감은 친밀감에서 위협을 느낀 반면, 여성적 정체감은 다른 사람

---

32) N. Chodorow, *The Reproduction of Mothering*(Berkeley: University of California
   Press, 1978), p. 150; pp. 166-167.

들로부터 분리되는 상황에서 위협을 느낀다. 따라서 남성들은 대체로 친
밀한 관계를 맺는 데서 어려움을 느끼고, 여성들은 개인화하는 데서 어
려움을 겪는다.[33]

　길리간은 이처럼 남아와 여아가 어머니에 의해 양육됨으로써 부모
와의 인간 관계를 상이하게 경험하게 되고, 초기 아동기에 갖게 되는
애착과 불평등의 경험을 서로 상이하게 경험함으로써 남아는 독립이
나 개인화, 평등, 공정성을 강조하는 정의 정향을, 여아는 애착, 인간
관계, 상호 의존성, 책임 등을 강조하는 배려의 정향을 더 강하게 지니
게 된다고 주장하였다.

　이러한 길리간의 두 도덕적 정향의 심리학적인 기원에 대한 설명은
남아와 여아는 오이디푸스 이전의 아동기에 상이한 양육 경험을 통해
서 각각 정의 윤리와 배려 윤리를 형성하게 된다는 것으로 요약해 볼
수 있다. 즉 이미 초기 아동기에 도덕성은 성별화되어 정의는 남성의
도덕성으로, 배려는 여성의 도덕성으로 고착화된다는 것이다. 그러나
과연 길리간의 주장처럼 남아와 여아가 상이한 도덕적 정향을 형성하
는지, 그리고 아동기에 형성된 도덕적 정향이 변하지 않고 성인기까지
지속될 수 있는지 의문이다. 그러나 길리간의 이러한 두 정향의 기원
에 대한 설명은 불명확하다. 길리간은 도덕성의 기원을 어린 아이들의
부모와의 경험에 둠으로써 여성을 무시하고 비하시켰던 정신분석학적
인 사고의 틀에 의존하고 있을 뿐만 아니라 이러한 성차의 기원이 선
천적인 것인지, 사회화에 의한 것인지를 명확하게 제시하고 있지 않기

---

33) C. Gilligan(1982), op. cit., p. 8.

때문이다.34)

어머니가 양육을 책임짐으로써 남아와 여아가 상이한 도덕적 정향을 지니게 된다는 길리간의 입장도 또한 문제가 있다. 만약 자녀 양육을 아버지와 어머니가 함께 책임진다면 자아 개념을 획득하는 과정은 소년들과 소녀들에게서 차이가 나지 않을 것이며 상이한 도덕적 정향을 발달시키지도 않을 것이다. 이러한 점에서 볼 때 길리간의 주장은 설득력을 잃게 된다. 그리고 길리간의 주장을 수용할 때, 어머니가 아니라 아버지가 양육을 책임진다고 하면 남아와 여아가 지금과 상반되는 도덕적 정향을 지닌다는 결론을 얻을 수 있어야 한다. 그리고 편부모 가정이나 고아원 같은 사회 시설에서 양육된 아이들은 어떤 정향을 지니게 될지 불분명하다. 길리간의 주장은 정상적인 가정에서 어머니가 양육을 책임진다는 것을 고정 불변한 전제로 수용할 경우에도 그 경험적 타당성이 의문시되지만, 앞에서처럼 상이한 양육 형태를 가지고 있는 오늘날의 사회적 환경에서는 그 설명이 한계를 지닐 수밖에 없다.35)

(3) 도덕성과 성별과의 관련성

길리간은 남성과 여성은 상이한 도덕적 정향을 지니고 있으며, 이러

---

34) L. J. Walker, "Sexism in Kohlberg's Moral Psychology," W. K. Kurtines & J. K. Gewirtz, *Moral Development: An Introduction*(Boston: Allyn and Bacon, 1995), pp. 87-88.

35) O. Flanagan & K. Jackson, "Justice, Care, and Gender: The Kohlberg-Gilligan Debate Revisited," M. J. Larrabee(ed.), *An Ethic of Care: Feminist and inter-disciplinary*(New York: Routledge, 1993), p. 77.

한 도덕적 정향은 서로 구별되는 특성을 지니고 있다는 입장을 취하고 있다. 길리간은 기존의 도덕적 정향은 정의의 정향으로서 남성의 목소리인 반면에 자신이 새롭게 제기하는 배려의 목소리는 여성의 목소리라고 주장하면서도 도덕적 정향과 성의 관련성이 절대적인 것이 아님을 다음과 같이 주장하고 있다.

> 도덕적 관점과 성과의 관련성이 절대적인 것은 아니다. 내가 남성의 관점과 여성의 관점을 대비시키는 이유는 양성의 관점에 대해서 일반화하기 위해서라기보다는 두 가지 사고 방식이 구분된다는 것을 강조하고 이두 사고 방식에 대한 해석에서 일어났던 특정한 문제점에 초점을 맞추기 위해서이다.[36]

그러나 길리간이 다른 논문들에서는 기존의 정의 윤리가 지니고 있는 성적 편견과 차별을 비판하면서 두 도덕적 정향을 성 특수적인 것처럼 설명하고 있기 때문에 그녀의 입장을 명확하게 파악하기는 어렵지만 분명한 것은 도덕적 정향을 성과 연관해서 배려를 여성적 도덕성으로, 정의를 남성적 도덕성으로 보고 있다는 점이다. 길리간이 주로 여성적인 관점에서 남성 중심적인 편견을 지니고 있다고 비판했던 콜버그와 그의 동료들은 도덕성에 성차가 존재한다는 길리간의 주장을 주로 비판하였다. 콜버그는 레빈(Levine)과 휴어(Hewer)와의 공동 연구에서 정의와 배려의 정향이 상이한 발달 경로를 밟는다는 길리간과 라이언스(N. P. Lyons)의 주장을 반박하였다.[37]

---

36) Gilligan(1982), op. cit., p. 2.
37) L. Kohlberg(1988), op. cit., p. 367.

이들은 배려와 정의는 이분법적으로 구분될 수 있는 것이 아니라 도덕적 딜레마를 해결하는 과정에서 서로 뒤엉켜서 함께 작용하는 것이라고 보았다. 이들은 도덕 판단에서 정의의 발달을 인도해 내는 경험과 배려의 발달을 인도해 내는 경험간에는 명확한 차이가 없다고 보았다. 이들은 또한 인지 도덕 발달론에서 최고의 단계인 제6단계에서는 정의와 배려의 통합을 통해 단일의 도덕 원리가 형성된다고 주장함으로써 배려 윤리의 독립성을 부정하였다. 그러나 이들이 의미하는 정의와 배려의 통합은 정의 윤리 안에 배려 윤리를 통합시킨다는 것이기 때문에 이들의 주장은 기존의 정의 도덕성의 입장에서 탈피하지 못하는 문제점을 내포하고 있다.

길리간의 입장과 상반되는 입장에서 이루어진 도덕적 추론에서의 성차에 대한 대표적인 연구로는 워커(L. J. Walker)의 연구를 들 수 있다.38) 워커는 콜버그의 입장을 정당화하는 관점에서 그때까지 여러 사람에 의해서 이루어져 왔던 성차에 관한 연구들(108개의 연구)을 분석하였다. 워커의 연구에 따르면 성차에 대한 108회에 걸친 연구들 중에서 오직 8회의 연구만 명확하게 의미있는 성차를 나타냈고, 8번의 경우도 많은 경우가 교육적 수준 또는 직업상의 지위에 의해서 혼동되었다고 한다. 워커는 이러한 연구 결과를 토대로 하여 도덕적 추론에서 남성과 여성의 도덕적 추론은 아주 유사하며 성차는 거의 없다고 주장하였다.39)

---

38) L. J. Walker, "Sex Difference in The Development of Moral Reasoning: A Critical Review" in Bill Puka(ed.), *Caring Voices and Women's Moral Frames: Gilligan's View*(N. Y.: Garland Publishing, 1994).

39) Ibid., p. 338.

또 워커, 브리스(B. Vries), 트레버썬(S. D. Trevethan)은 3명(아버지, 어머니, 아들 또는 딸)이 한 쌍을 이루는 80쌍(총 240명)에게 콜버그의 가상적 딜레마들을 토론하게 하고, 실생활의 도덕적 딜레마를 만들어 내도록 하는 연구를 했다.[40] 딜레마에 대한 응답은 배려/감응이나 권리/정의의 존재·지배로 분류되었다. 연구 결과는 피험자 중 누구도 두 가지 유형의 작업에서 단일한 도덕적 지향을 일관되게 이용하지 않는다는 것을 보여 주었다. 그리고 이들은 가상적·실제적 딜레마에서 단계 부여를 할 때 아무런 성차를 보이지 않았으며, 콜버그의 척도에서 성숙한 도덕적 사고에 대한 개념화는 이러한 두 정향을 통합하고 있으며, 이러한 길리간의 척도는 정의뿐만 아니라 배려의 정향도 함께 포함하고 있다고 주장하였다.

이러한 연구를 장기적으로 추적하면서 워커는 가상적 딜레마에서 나타난 성차는 실생활 딜레마에서는 단지 성인들 사이에서만 명백하게 나타났고, 이러한 차이도 딜레마의 내용이 통제될 때 사라졌다고 주장했다. 또 워커는 실제적 딜레마에서 배려의 정향을 사용하는 사람이 정의 정향을 사용하는 사람보다 높은 수준의 도덕 발달을 입증하고 있다는 연구 결과를 통해서 콜버그의 이론과 점수 체계가 배려의 정향에 대해서 편견을 지니고 있다는 길리간의 주장을 논박하고 있다.[41]

---

40) L. J. Walker & B. Vries & S. D. Trevethan, "Moral Stages and Moral Orientations in Real-Life and Hypothetical Dilemas," Bill Puka (ed.), *Caring Voices and Women's Moral Frames: Gilligan's View*(N.Y.: Garland Publishing, 1994), pp. 356-357.

41) L. J. Walker, "Sexism in Kohlberg's moral psychology," in W. K. Kurtines & J. K. Gewirtz, *Moral Development: An introduction*(Boston: Allyn and Bacon, 1995). pp. 83-107 참조.

히긴스(E. T. Higgins)는 학교 딜레마에서 남녀 모두 정의와 배려의 정향을 사용했다고 보고했다. 두 정향을 사용하는 데 있어서 주요한 차이는 제시된 딜레마의 유형과 학교 상황의 사회적·도덕적 분위기였다는 것이다. 다른 학생을 돕는 것과 관련된 딜레마는 배려의 정향을 사용한 반면, 절도에 대한 딜레마에서는 정의 정향을 사용했다는 것이다. 그러나 가장 뚜렷한 차이는 딜레마 유형이나 성차가 아니라 학교 환경의 차이에서 나타났다고 한다. 이 연구는 결론적으로 남녀 모두 두 정향을 함께 사용하며, 어느 정향을 더 선호하는지는 성이 아니라 도덕 딜레마의 유형과 딜레마가 제기되는 사회·도덕적 분위기에 달려 있다는 것을 말해 주고 있다.42)

베보(M. Bebeau)와 브라벡(M. Brabeck)은, 전 연령대와 교육 수준에 걸쳐서 여성들은 실제로 남성보다 높은 점수를 얻었으며, 교육 수준이 도덕 판단의 수준을 예측하는 데 있어서 성차에 의한 것보다 더 큰 영향을 주고 있다는 연구 결과를 통해 콜버그 이론에서 성차는 없다고 주장하였다.43)

개로드(A. Garrod)와 빌(C. Beal), 그리고 존스턴(D. K. Johnston)은 두 가지 우화(두더지와 돼지, 여물통의 개)를 사용하여 다양한 사회 계층에 속한 5-12세의 132명의 아동을 대상으로 도덕적 정향과 연령, 성, 계급간의 관계를 연구하였다. 이들의 연구 결과는 크게 4가지로 요약해 볼 수 있다.44)

---

42) Kohlberg(1988), op. cit., pp. 251-252.
43) M. J Bebeau & M. M. Brabeck, "Integrating Care and Justice Issues in Professional Moral Education: A Gender Perspective," *Journal of Moral Education*, V. 16, 1987, pp. 189-203.
44) A. Garrod & C. Beal, "Voice of Care and Justice in Children's Responses to

첫째, 소년과 소녀의 도덕적 정향에서 차이는 없었다.

둘째, 우화에 나타난 딜레마에 대한 최상의 해결책을 질문 받았을 때 아동들은 배려 정향을 선호하였다.

셋째, 아동들이 두 도덕적 정향을 모두 사용할 수 있는 능력은 추상적인 추론 기능의 사용에 의존하였다.

넷째, 중·상류 계층 아동들이 노동 계층의 아동들보다 배려 정향의 해결책을 더 잘 사용한다는 것을 제한적으로 보여 주었다.

이 연구를 통해서 이들은 지배적인 도덕적 정향은 민족성, 사회 계층, 소외와 같은 변인들이 성만큼 영향을 준다고 결론 내렸다.

스택(Carol Stack)은, 미국의 중산층에 속한 백인 여성을 대상으로 하여 여성의 도덕성 발달을 구성한 길리간의 모델은 이와 상이한 사회적, 경제적 조건에 있는 아프리카계 미국인(흑인)들에게는 적합하지 않다는 입장에서, 흑인 이주민을 대상으로 연구하였다.[45] 스택은 길리간이 흑인의 역사와 경험을 명확하게 듣지 못했다고 주장한다. 스택은 도시에서 시골로 이주한 흑인들은 남성과 여성이 모두 동일하게 도덕적 딜레마를 정의하고 맥락화했다고 밝히고 있다. 흑인 이주민들이 모두 고향과 친족 관계를 소중히 여기며 마음의 등불로 여긴다는 점에서는 남녀가 동일하다고 주장한다. 또한 이들은 남녀 모두 권리, 도덕성, 사회적 선 등의 표현에서 동일하다고 주장한다.

Fable Dilemmas," A. Garrod, *Approaches to Moral Development*(N.Y.: Teachers College Press, 1993), p. 65.

45) Carol B. Stack, "The Culture of Gender: Women and Men of Color," in M. J. Larrabee, op. cit., pp. 108-111.

스택은 이러한 연구 결과를 토대로 하여 결국에는 배려의 목소리와 또 다른 목소리가 존재할 수 있으며, 길리간의 모델은 이러한 또 다른 목소리들을 반영하지 못하고 있다고 비판하였다. 스택은, 성은 인종, 계급, 문화, 신분 제도 그리고 의식에 의해서 형성된 구조물이기 때문에 도덕 영역을 구성할 때, 이러한 요소들을 함께 고려해야 한다고 주장한다. 그리고 기존의 여성과 남성의 목소리에 상응하는 흑인의 목소리도 존재한다는 것을 시사하고 있다.

도덕적 정향에 성차가 존재하지 않는다는 비판과 함께 정의와 배려의 목소리 외에도 더 많은 목소리가 존재하고 있고 존재할 수 있다는 주장들을 함께 살펴보았다. 이러한 비판들에 대해서 응답하고, 자신의 이론을 발달시키는 과정에서 길리간이 도덕적 정향과 성과의 관계에 대해서 취한 입장이 계속 변화해 가고 있지만 두 개의 도덕적 정향이 존재하고 두 정향이 성과 관련되어 있다는 기본 입장에는 변화가 없다.

길리간은 홀스타인(Holstein)의 연구에 의거해서 여성과 남성의 도덕적 관점이 다르다고 주장한다.[46] 이 연구에 따르면, 도덕 판단을 내릴 때 감정이입과 공감의 감정이 더 많이 개입되고 가상적 딜레마보다는 현실적 딜레마 해결에 더 관심을 보인다는 점에서 여성은 남성과 다르다. 그리고 앞장에서 살펴본 것처럼 여성과 남성은 부모와의 상이한 인간 관계 경험을 통해서 상이한 도덕적 정향을 지니게 된다. 이러한 관점에서 볼 때 길리간은 기존의 도덕적 관점인 정의 정향은 남성과 관련되고, 배려 정향은 여성과 밀접한 관련을 맺고 있다는 입장을

---

46) C. Gilligan(1982), op. cit., p. 69.

취하고 있다. 이러한 것을 통해서 알 수 있는 것처럼 길리간은 두 도덕적 정향을 성과 직접적으로 연관시키고 있다.

길리간의 입장을 지지해 주는 연구 가운데 하나가 라이언스의 연구이다. 라이언스는 실생활 도덕 딜레마에 대한 8-60세에 걸친 중·상류계층의 36명을 대상으로 진행한 연구를 분석하였다. 라이언스는 비록 남성과 여성이 두 가지 도덕적 정향들을 사용하지만 배려에 대한 고려는 여성에게서 더 많이 발견되며, 정의와 권리 문제에 대한 관심은 남성들의 응답에 더 자주 등장한다는 것을 발견하였다. 라이언스의 연구는 다른 사람과의 관계 안에서 자아를 기술하는 두 개의 상이한 양식이 있으며 도덕적 결정을 하는 데 있어서 개인들이 사용하는 두 가지 종류의 고려, 즉 정의와 배려가 있다는 길리간의 주장을 입증해 주었다.[47]

랭데일(S. Langdale)은 남녀로 구성된 144명의 표본을 대상으로 하여 정의와 배려를 사용할 때 의미있는 성차가 나타난다는 것을 발견했다.[48] 그리고 콜버그의 가상적인 하인즈 딜레마가 실제적인 도덕적 딜레마보다도 정의에 대한 고려를 더 의미있게 도출해 낸다는 것을 발견했다. 랭데일은 더 나아가서 순환하는 실제적인 삶의 딜레마 유형뿐만 아니라 가상적인 하인즈 딜레마나 낙태 딜레마가 일부 사람들에게는 지배적으로 정의의 관점에서, 또 다른 사람에게서는 지배적으로 배려의 관점에서 구성된다는 것을 보여 주었다. 이것은 정의와 배려에 대

---

47) N. P. Lyons, "Two Perspectives: On Self, Relationships, and Morality," *Harvard Educational Review*, Vol. 53, No. 2, May, 1983, pp. 125-145.

48) S. Langdale, "Moral Orientation and Moral Development," *Doctoral Dissertation*, Harvard Graduate School of Education, 1983.

한 관심들이 상이한 도덕적 문제에서 생겨난다는 제안을 부정하는 것
이다. 그대신 랭데일은 어떻게 동일한 문제가 상이한 방식으로 보일
수 있는지를 보여 준다. 동시에 그녀의 연구는 가상적 딜레마가 정의
정향 또는 배려 정향을 지지해 줄 수 있다는 것을 밝혀 주고 있다.

길리간은 앞에서 살펴본 것처럼 남성 중심적인 발달 심리학자들이
도덕적 정향에서 남녀간에 성차가 있다는 자신의 주장에 대해서 성차
가 없다는 경험적인 증거들을 가지고 비판해 오자 이에 대응해서 자신
의 입장을 밝히고 있다.[49] 길리간은, 이러한 비판들은 자신의 입장을
잘못 이해한 데서 시작된 것이라고 대답하였다. 자신의 책을 『다른 목
소리로』라고 정한 것부터가 의도적이라는 것이다. 여성의 목소리라고
하지 않고 다른 목소리라고 했던 것은 새로운 목소리가 여성의 목소리
로 이해되어서는 안 되기 때문이라는 것이다.[50] 길리간은 처음부터 도
덕적 목소리와 성은 절대적인 관련성이 없으며, 목소리는 성(gender)이
아니라 주제(theme)에 의해서 입증된 것이라고 주장했다고 한다. 길리
간은 자신의 입장을 다음과 같이 3가지로 요약하고 있다.[51]

첫째, 정의와 배려의 관점들은 도덕적 문제들에 대한 사람들의 사고
방식을 서로 다른 방식으로 조직해 주는 독특한 정향들이다.

둘째, 남성들과 소년들은 비록 배려에 대한 고려를 사용하긴 하지만
도덕적 문제를 정의의 틀 안에서 정의하고 해결하는 경향이 있다.

---

49) C. Gilligan, "Reply," Larrabee(ed.), *An Ehtic of Care*(New York: Routledge, 1993), pp. 207-214.
50) Ibid., p. 209.
51) Ibid., p. 212.

셋째, 도덕적 추론에서 배려에 대한 강조는 비록 모든 여성들의 특징은 아니라고 할지라도 그 동안 혜택받은 사람들 안에서는 특징적인 여성적 현상이다.

여기서 알 수 있는 것은, 비록 길리간이 두 도덕적 정향과 성과의 관련성이 절대적이지는 않다고 주장했지만, 두 도덕적 정향이 성과 밀접한 관계를 맺고 있다는 것을 계속해서 주장하고 있다는 점이다. 이런 맥락에서 길리간과 위긴스는 도덕성에 성차가 없다고 결론 내리는 것이 가장 문제라고 주장하였다. 결국, 남성들은 비정상적이고 반사회적이고 공격적이기 쉽고, 여성들은 양육적이고 공감적이기 쉽다는 것이다. 이들은 이러한 예로서 남성 죄수들이 여성 죄수들보다 압도적으로 더 많고, 여성이 어린 자녀들을 양육한다는 것을 들고 있다.[52] 이들은 공감 또는 도덕적 추론에서 나타난 성차가 도덕적 행동에서의 성차를 나타내며, 도덕성에 있어서 성차가 존재한다고 주장하고 있다.

길리간과 아타누치(Jane Attanucci)는 남녀 청소년들과 성인 80명으로 구성(남 46명, 여 34명)된 표본을 대상으로 하여 자신들이 직면한 도덕적 갈등과 선택의 경험을 기술하게 하여 이를 분석하는 연구를 통해서 도덕적 정향과 성과의 관계를 초점 현상으로 설명하였다.[53] 이 연구에 의하면 대다수의 사람(80명 중 55명)들은 두 정향을 모두 사용

---

52) C. Gilligan & G. Wiggins, "The Origin of Morality in Early Childhood Relationships," C. Gilligan, J. V. Ward, and J. M. Taylor(eds.), *Mapping The Moral Domain*(Cambridge: Harvard University Press, 1988), pp. 112-113.

53) C. Gilligan & J. Attanucci, "Two Moral Orientation," J. V. Ward, and J. M. Taylor(eds.), *Mapping The Moral Domain*(Cambridge: Harvard University Press, 1988), pp. 21-48.

하였는데, 이러한 결과는 도덕적 갈등을 다루고 해결하는 데 있어서 단일한 목소리나 단일한 정향에 한정되어 있지 않다는 것을 말해 준다. 이에 비하여 배려 또는 정의 중 어느 하나의 목소리만을 사용한 사람은 25명(31%)이었다. 53명(2/3)은 지배적인 초점 현상을 나타냈다.[54] 즉 하나의 목소리가 다른 목소리보다 더 우위에 있음을 명백하게 보여 주고 있다. 반면에 오직 1/3만이 배려-정의 범주를 나타냈다. 배려-정의 범주는 두 정향을 모두 고려하면서도 어떤 정향도 75% 이상을 차지하지 않는 경우를 의미한다.[55] 즉 양성의 2/3가 순수한 초점의 범주 안에서 어느 하나에만 초점을 맞추는 반면 나머지 1/3은 어떤 초점도 보여 주지 않은 대신에 오히려 정의와 배려를 혼용하는 경향을 보여 주었다. 이러한 결과는 개인들이 비록 두 가지 도덕적 관점을 모두 사용할 수 있다고 할지라도 어느 하나의 목소리만을 선호하는 경향을 보인다는 것을 시사해 준다.

이 연구에서 길리간과 아타누치는 남성과 여성에 있어서 지배적인 초점 현상은 크게 다르게 나타난다는 것에 주목하고 있다. 비록 지배적인 초점 현상을 보이는 여성들이 모두 배려의 목소리를 선호하는 것은 아니라 할지라도, 배려의 목소리가 지배적인 곳에서 지배적인 초점 현상은 이 연구 표본 안에서 여성에게서만 거의 배타적으로 명확하게 나타난다. 지배적인 초점 현상을 보여준 과반수 이상의 여성들은 배려의 목소리를 선호하였고(22명 중 12명), 이와는 반대로 지배적인 초점

---

54) 길리간과 아타누치는 한 사람의 도덕적 사고 가운데에서 75% 이상이 정의와 배려 중 어느 하나의 정향을 나타내는 경우 이를 초점 현상 또는 지배적인 초점 현상이라고 정의하였다. Ibid., p. 79.
55) Ibid., p. 79.

현상을 보여준 31명의 남성 중 30명이 정의의 목소리를 선호하였다. 길리간과 아타누치는 이에 근거해서 도덕적 정향과 성별간에는 연관이 있다고 결론 내리고 있다. 즉 남성들과 여성들 모두 두 정향을 사용하였지만 배려에 초점을 맞춘 딜레마는 여성들에 의해서 더 잘 표현되고, 정의에 초점을 맞춘 딜레마는 남성들에 의해서 더 잘 표현된다는 것이다.

브라운(Brown), 길리간 그리고 태편(Tappan)은, 앞에서 분석한 길리간과 아타누치의 연구 결과는 정의와 배려 중 어떤 목소리도 성 특수적인 것(gender-specific)이 아니며, 두 목소리 모두 성 관련적(gender-related)이라는 것을 명확하게 보여 준다고 해석하였다.[56]

두 가지 도덕적 정향과 성과의 관련성을 초점 현상으로 설명했던 자신과 아타누치의 연구에 기초해서, 길리간은 도덕적 정향과 성과의 관련성에 대한 입장을 다음과 같이 밝히고 있다.[57]

첫째, 정의와 배려가 상반되는 것(배려 없는 정의, 정의 없는 배려)이 아닌 것처럼 여성과 남성은 도덕적 목소리 또는 도덕적 정향의 관점에서 볼 때 상반된 성(sex)이 아니다.

둘째, 정의와 배려는 인간의 공통된 관심사이고, 어느 특정한 성의 영역이 아니며, 영역 특수적(domain-specific)인 것도 아니다. 따라서 정

---

56) L. M. Brown, Tappan, C. Collegy and C. Gilligan, "Listening to Different Voice," W. M. Kurtines and Jacob L. Gewirtz(eds.), *Moral Development: An introduction*(Boston: Allyn and Bacon, 1995), p. 323.

57) Gilligan & Attanucci, "Much do about? Knowing? Noting? Nothing?: A reply to Vasadev Concerning Sex Difference and Moral Development," *Meril-Paimer Quarterly*, October, 1988, V. 34, No. 4. p. 452.

의는 공적인 딜레마나 제도적인 딜레마에 적절하고, 배려는 개인적인 딜레마나 갈등과 밀접한 관련을 맺고 있다는 콜버그와 워커의 주장은 잘못된 것이다.

길리간과 아타누치는 이처럼 도덕성은 성 특수적이기보다는 성 관련적이며 도덕적 목소리는 성이 아니라 주제에 의해 규명된다고 보았다.

존스턴은 이솝 우화에 나오는 두더지 우화에 응답하는 과정에서 도덕적 정향과 문제 해결 전략 간의 관계를 탐색했다.[58] 존스턴은 11-15세 남녀 60명에게 우화 속에 담겨 있는 문제에 대해 이야기하고 그것을 해결해 줄 것을 요구했다. 그런 후에 그녀는 "이 문제를 해결하는 다른 방법이 있습니까?"라고 물었다. 대부분의 피실험자들은 처음에는 정의와 배려라는 두 관점을 사용하여 각각의 우화 속에서 문제를 구조화하였다. 더욱이 문제를 해결하는데 다른 방법이 존재하는지 여부에 관한 질문을 받았을 때 피실험자 중에서 절반은 스스로 목소리를 바꿨다. 마지막으로 존스턴이, 그들이 묘사한 해결책 중 어느 것이 최선의 방법이었는지를 피실험자에게 질문하자, 대부분의 피실험자들은 하나의 목소리 또는 다른 목소리의 관점에서 대답하였다.

존스턴은 이 연구에서 길리간과 아타누치가 행한 연구 결과와 비슷한 성차를 발견했다. 소년들은 제시된 우화에 대해 정의의 해결책을 자발적으로 더 자주 사용하고 선호한 반면, 소녀들은 더 자주 그리고

---

58) D. K. Johnston, "Adolescent Solutions to Dilemas in Fables," C. Gilligan, J. V. Ward, and J. M. Taylor(eds.), *Mapping The Moral Domain*, Cambridge: Harvard University Press, 1988), pp. 49-72.

자발적으로 배려의 해결책을 선호하고 사용했다는 것이다. 그러나 더 중요한 것은 어린이들과 청소년들은 두 관점을 교체해서 사용할 줄 알았고, 두 목소리를 모두 사용할 수 있었다는 것이다.

비록 이들 두 목소리들의 성 관련성(gender-relatedness)을 강조하는 것이 중요하다고 할지라도 길리간과 아타누치 그리고 존스턴의 피실험자들 대다수가 다양한 목소리를 보여 주고 있다는 사실이 갖는 의미가 간과되어서는 안 된다. 이 연구에서는 인간들이 다양한 목소리를 사용할 뿐만 아니라 도덕적 담화를 하면서 목소리를 자주 바꿀 수 있고, 바꾸고 있다는 것을 입증해 주고 있다. 실제로 바흐친(Bakhtin)의 주장처럼 인간은 계속해서 한 목소리에서 다른 목소리로 바꿀 수 있고 어떤 순간에도 말할 수 있는 다성적(polyphonic) 존재이기 때문이다.59)

이러한 논의를 종합해 볼 때, 도덕성을 성 특수적(sex-specific)인 것으로 규정하여 정의 도덕성은 남성의 도덕성으로, 배려의 도덕성은 여성의 도덕성으로 규정하는 것은 적합하지 않다. 이에 대한 길리간의 입장이 계속 바뀌어 왔기 때문에 명확하게 정의하기는 어렵지만 도덕성을 성 특수적인 것으로 보지 않았다는 것은 확실하다. 그녀는 두 도덕성이 존재하고, 서로 구분된다는 것을 강조하기 위해서 도덕성을 성과 관련해서 설명했을 뿐이다.60)

---

59) Brown, Tappan, Collegey and Gilligan, op. cit., p. 324.
60) 여기에서는 도덕성을 성에 따라 규정하지 않고 두 도덕성을 남녀 모두에게 공존하는 것으로서 남녀 모두에게 요청되는 보편적인 것으로 규정하고 논의를 전개한다. 왜냐하면 도덕성에서의 성차를 명확하게 입증하기가 어려울 뿐만 아니라 앞의 논의에서도 제기되었던 것처럼 도덕성은 성뿐만 아니라 인종, 문화, 전통, 민족, 교육 수준, 생활 수준과 그리고 개인적 경험과 특성 등에도 일정한 영향을 받고 있기 때문이다.

도덕성을 이처럼 성에 의해서 결정되거나 지배되는 것이 아니라 다양한 요인들에 의해서 영향을 받아 복합적으로 형성되는 것으로 정의하게 될 때 제기되는 문제점은 두 도덕성의 관계를 어떻게 규정할 것인가 하는 것이다. 길리간의 주장처럼 도덕성이 정의와 배려의 두 도덕성으로 구성되고 남녀를 불문하고 모든 사람들에게 두 도덕성이 함께 요청된다고 할 때, 그 관계를 어떻게 설정하느냐에 따라서 두 도덕성의 위상과 도덕성을 발달시키기 위한 도덕 교육의 방향이 결정될 수 있기 때문에 두 도덕성의 관계를 어떻게 규정하느냐는 중요한 문제이다.

(4) 두 도덕성간의 상호 관련성

두 도덕적 정향의 관계에 대한 길리간의 입장이 계속 변화되어 왔기 때문에 그녀의 입장을 명확하게 정의하기는 어렵지만 분명한 것은 콜버그처럼 정의 윤리가 배려 윤리보다 더 우월하다는 입장을 취하지는 않았다는 점이다.[61] 길리간은 도덕적 갈등과 선택에 대해 생각하면서 남아가 받아들인 서열적 계층 구조와 여아가 받아들인 관계의 그물 구조는 서로 다른 두 개의 도덕관을 함축하는데, 이들은 서로 상하 관계에 있거나 대립적이지 않고 오히려 보완적인 것이라고 주장하였

---

61) 길리간의 초기의 연구들을 분석해 보면, 그녀는 정의와 배려의 윤리를 성(性)과 연관시켜 설명하고 있다는 점에서 보면 두 윤리의 관계를 대립적으로 설명하고 있지만, 앞에서 살펴보았듯이, 두 윤리의 차이점을 명확하고 쉽게 설명하기 위해서 그렇게 했을 뿐이다. 그녀는 실질적으로 두 윤리간의 관계를 보완적(補完的)이고 수렴적(收斂的)인 관계로 규정하고 있다(Gilligan, 1982).

다.62) 더 나아가 길리간은 도덕적 성숙은 두 윤리가 상호 보완적이라는 것을 인식하고 두 윤리를 모두 수용할 때 이루어진다는 입장을 취하고 있다. 즉 도덕적 성숙은 남녀 모두가 이 두 가지 입장이 상호 보완적이라는 것을 인식하고 권리와 책임의 화합을 추구할 때 이루어진다는 것이다.63)

또한 길리간은 두 윤리간의 관계를 변증법적인 것으로도 설명하고 있다. 남성과 여성은 독립과 친밀 관계를 매우 다르게 경험하기 때문에 청년기에 성 정체성 형성에 있어서 서로 다른 삶의 진리를 강조하게 된다는 것이다. 남성은 자아를 규정짓고 자아에 힘을 부여하는 독립을 강조하고, 여성은 인간 공동체를 만들고 유지하는 친밀한 관계를 강조한다. 삶의 각 시기마다 이 두 가지 진실이 변증법적으로 교류함으로써 긴장이 생기며, 이 긴장을 극복함으로써 성숙이 이루어진다는 것이다.64) 길리간은 또한 이 두 윤리가 변증법적인 상호 작용을 통해서 하나로 수렴되어 간다는 것을 다음과 같이 보여 주고 있다.

인간 발달이 책임과 권리의 갈등을 통해서 변증법적으로 이루어짐을 인식하는 것은 종국에는 연결된 두 개의 상이한 경험을 완전한 것으로 인정하는 것이다. 정의 윤리는 모든 사람은 동등하게 대우받아야 한다는 평등의 전제로부터 발달해 나가는 것인 반면, 배려 윤리는 어느 누구도 해로움을 입어서는 안 된다는 비폭력의 전제에 그 기반을 두고 있는 것이다. 성숙을 설명하면서 두 관점들은 불평등이 불평등한 관계에 있는

---

62) C. Gilligan(1982), op. cit., p. 33.
63) Ibid., p. 192.
64) Ibid., p. 276.

두 당사자들에게 부정적인 영향을 미치는 것과 마찬가지로, 폭력 역시 연루된 모든 사람들에게 파괴적인 것이라는 사실을 점차적으로 똑같이 깨닫게 된다. 공정성의 입장과 정의의 입장이 교류되고 있음을 인정하게 되면, 남녀의 관계에 대한 더욱 발전된 이해뿐만 아니라 성인의 일과 가족 관계에 대한 더욱 포괄적인 기술 또한 가능해진다.[65]

길리간은 초기에는 정의 도덕성과 배려 도덕성이 상보적이고 대등한 것일 뿐만 아니라 도덕적 성숙에 필수적인 요소라고 주장하였다. 더 나아가 궁극적으로 두 도덕성이 하나로 수렴될 수 있다는 입장까지 보이고 있다. 실제로 길리간은 두 도덕성의 통합과 수렴을 통해서 인간의 발달과 도덕성에 대한 이해의 폭을 넓히는 데 궁극적인 목표를 두고 있었던 것 같다. 길리간은 초기에는 배려의 도덕성을 정의의 도덕성에 대한 대안으로 간주하지 않았으며, 남성과 여성의 차이가 명확하다는 것을 주장하지도 않았다. 초기에는 두 윤리가 서로 상보적이고 변증법적인 관계를 맺고 있다는 입장을 취하고 있었던 것이다.
길리간은 후기로 들어서면서 초기의 입장과 달리 배려 윤리가 정의 윤리보다 더 우월하다는 것을 간접적으로 보여 주고 있다.

남성을 공격적인 사람으로, 여성을 양육하는 사람이라고 상투적으로 생각하는 것은 아무리 왜곡되고, 제한적이라고 할지라도 경험적인 주장들을 일부 가지고 있다. 즉 죄수 중에서 남성들의 수가 압도적으로 많고, 여성들이 어린 아이를 돌보는 한 이러한 생각은 도덕 이론에 부적절한

---

65) Ibid., p. 304.

것으로만 여길 수도 없고 도덕 발달에 대한 설명으로부터 배제할 수도 없다. 만약 공감 또는 도덕적 추론에서 성적 차이가 없다면, 왜 도덕적 행동과 비도덕적 행동에서는 성적 차이가 있단 말인가?66)

길리간의 주장처럼 단순히 감옥에 있는 죄수의 숫자 중에서 남성이 여성보다 많다는 이유만으로 여성이 남성보다 도덕적으로 더 우월하다고 정당화하기는 어렵다. 왜냐하면 남성은 주로 공적인 영역에 종사하고 여성은 사적인 영역에 종사하고 있는 현재의 가부장적인 남성 중심의 사회 구조 안에서 이러한 결과는 당연하다고 볼 수 있기 때문이다. 그리고 양육 행동이 공적인 영역에서의 활동보다 도덕적으로 더 우월하다고 보는 것은 마치 공적인 활동이 양육과 같은 사적인 활동보다 더 가치 있다고 보는 기존의 정의 윤리적 입장과 같은 모순을 가지고 있기 때문이다. 카드(C. Card)는 이러한 길리간의 입장이 가지고 있는 또 다른 위험성을 다음과 같이 잘 지적해 주고 있다.

여성들보다 더 많은 남성들이 감옥 안에 있기 때문에 여성이 남성보다 더 도덕적이라고 믿고 있는가? 만약 그렇다면, 감옥 안에 백인들보다 더 높은 비율의 흑인들이 있다고 한다면, 백인이 흑인보다 더 도덕적이라고 열심히 주장할 수 있는가? 정말로 우리는 도덕성을 유전학과 결합시키고자 하는가? 성차별주의와 인종주의가 그러한 견해에 본래적이라는 것을 인정해야 하는가?67)

---

66) C. Gilligan & G. Wiggins, op. cit., p,. 279.
67) C. Card, pp. 193-198.

길리간은 최근의 논문에서 기존의 입장과는 다른 관점에서 두 윤리 간의 관계를 설명하고 있다. 길리간은 형태 심리학(gestalt psychology) 에서 사용하고 있는 애매한 그림에 비유해서 두 윤리간의 관계를 독립 적이고 양립 불가능한 대등한 관계로 설명하고 있다.[68] 길리간에 따르 면, 꽃병으로도 보이고 얼굴로도 보이는, 젊은 여성으로도 늙은 노파 로도 보이는 그림이나, 오리(duck)로도 토끼(rabbit)로도 볼 수 있는 그 림처럼, 도덕적 상황은 정의의 관점 또는 배려의 관점에서도 형성될 수 있다고 한다. 즉 애매한 그림을 바라볼 때 우리는 두 가지 그림을 동시에 보지 못하고 오직 한 가지 방식(늙은 노파/젊은 여성, 꽃병/얼 굴, 토끼/오리)으로만 그림을 볼 수 있는 것처럼 우리는 정의와 배려의 관점을 동시에 함께 볼 수 없고 두 관점 가운데에서 오직 한 관점만을 볼 수 있다는 것이다.

그리고 토끼로도 오리로도 볼 수 있는 그림을 오리 사육가는 오리 로, 토끼 사육가는 토끼로 보기 쉽다는 데서 알 수 있는 것처럼 인식자 의 과거의 경험이나 기대가 두 가지 모습으로 볼 수 있는 그림을 어떤 모습으로만 보는 데 영향을 준다고 한다.[69] 길리간은 이러한 현상을 도덕 판단에 적용해서 배려의 관점과 정의의 관점을 대비적으로 설명 한다. 곧 사람들은 정의와 배려의 도덕적 관점을 모두 인식하고 있음 에도 불구하고, 오직 하나의 관점만을 적용하여 도덕적 갈등을 정의하 거나 해결하려고 한다는 것이다.[70]

길리간은 최근의 논문에서 여성들이 자신의 목소리를 상실하고 관

---

68) C. Gilligan, 1987, pp. 19-33.
69) Ibid., p. 20.
70) Ibid., p. 20.

계를 위해서 관계를 포기하는 인간 관계의 곤경에 빠지면서 가정 안에
서의 천사의 이미지를 수용하는 것은 기존의 가부장적인 이데올로기
의 영향 때문이라고 보고 있다.[71] 길리간은 애매한 그림에 대한 이러
한 비유를 통해서 두 도덕성의 관계뿐만 아니라 기존의 남성 중심적인
이데올로기와 정의 윤리에 기초한 인식들이 여성의 관점, 즉 배려의
관점을 배제하고 사라지게 했다는 점도 함께 보여 주고자 했다.

　　길리간이 애매한 그림의 비유를 통해서 두 목소리가 대등하고 독
립적이며, 상반되지는 않지만 양립 불가능하다는 주장을 한 이유는 바
로 어느 하나의 단일한 발달 계열로는 도덕성을 제대로 설명할 수 없
다는 입장을 정당화하기 위한 것이라고 볼 수 있다. 왜냐하면 우리는
동시에 두 관점을 볼 수 없기 때문이다. 우리는 정의와 배려의 두 목소
리를 모두 사용하고 있는데, 기존의 발달 이론들은 배려를 배제하고
정의만을 고려함으로써 배려의 관점을 볼 수 없었다는 것이다. 이런
관점에서 우리는 길리간이 배려의 목소리와 정의의 목소리에 동등한
가치를 부여해야 한다는 것을 강조하고 정당화하기 위해서 이러한 주
장을 한다고 볼 수 있다. 길리간은 또한 이 비유를 통해서 두 관점이
하나로 쉽게 통합되거나 융합될 수 있는 것이 아니고 융합되어서도 안
된다는 입장을 암시하고 있다.

　　그러나 길리간의 주장처럼 두 도덕적 관점이 양립 불가능한 것 같
지는 않다. 실제로 우리는 많은 경우 정의 윤리적 관점과 배려 윤리의
관점을 동시에 함께 고려한다. 이러한 예로는 범죄자에 대한 판결을
내리는 판사의 경우를 들 수 있다. 판사는 판결을 내릴 때 범죄자의

---

71) C. Gilligan, "Hearing the Difference: Theorizing Connection," *Hypatia* 10
　　(Spring), 1995, p. 122.

범죄 행위뿐만 아니라 범죄자의 연령이나 가정 환경, 특수한 여건 등
과 같은 정황들을 함께 고려한다. 정의와 배려가 배타적이고 양립 불
가능한 것이 아니라 함께 공존하고, 함께 작용한다는 점은 프리드만
(M. Friedman)과 헬드(Held)가 잘 설명해 주고 있다.

프리드만에 따르면, 배려가 강조되는 가정이나 친밀한 인간 관계 안
에서 일어나는 부정의한 사건들을 시정하기 위해서는 정의가 요청되
고, 정의가 요청되는 경우에도 배려가 함께 요청된다고 주장한다.[72]
헬드는 배려가 강조되는 가정에서도 남녀 차별, 부부간의 불평등한 관
계 등을 시정하기 위해서 배려와 함께 정의가 요청되고, 정의가 강조
되는 국가 안에서 빈민, 약자 등을 위한 복지 정책을 실시할 때에도
정의와 함께 배려가 요청된다는 주장을 통해서 정의와 배려의 공존과
양립의 필요성을 보여 주었다.[73]

플래나겐(Owen Flanagan)과 잭슨(Kathryn Jackson)은 두 정향이 양
립 불가능하다는 길리간의 설명 방식과 주장을 함께 비판하고 있다.
이들은 길리간의 설명 방법이 가지고 있는 의의와 한계를 지적함으로
써 길리간이 취한 두 윤리간의 관계에 대한 입장이 가지고 있는 문제
점을 잘 지적해 주고 있다. 이들은 먼저 길리간이 비유한 애매한 그림
이 가져다주는 유용성을 다음과 같이 세 가지로 설명하였다.[74]

---

72) M. Friedman, "Beyond Caring: The De-Moralization of Gender," Larrabee(ed.),
    An Ethic of Care(N. Y.: Routledge, 1993), pp. 265-266.
73) V. Held, "The Meshing of Care and Justice," *Hypatia* 10 (Spring), 1995, pp.
    128-129.
74) O. Flanagan & K. Jackson, "Justice, Care, and Gender: The Kohlberg-Gilligan
    Debate Revisited," Larrabee(ed.), *An Ethic of Care*(N. Y.: Routledge, 1993), op.
    cit., pp. 72-73.

첫째, 이 비유는 일부 사람들이 형상의 환상 속에서 볼 수 있는 두 가지 이미지 중에서 어느 하나의 이미지를 보는데 어려움을 겪는 것과 마찬가지로, 권리의 이야기 또는 대안적인 사랑의 이야기를 이해하는 데 어려움을 겪는 사람이 있다는 사실에 주의할 수 있게 해준다.

둘째, 이 비유는 대부분의 개인들에게서 도덕적 문제를 바라보는 한 방식이 다른 방식을 어느 정도 지배하고, 지배의 방향은 성과 서로 관련되어 있다는 연구 결과를 강조해 준다.

셋째, 이 비유는 낙태와 같은 일부 도덕적 문제에 대한 적절한 해석은 모든 당사자들에게 가장 중요하다고 여겨지지만, 양립할 수 없는 심오한 인식의 문제가 있다는 사실에 주의를 기울이게 해준다.

이들은 애매한 그림이 주는 이러한 유용성과 함께 그 문제점들도 지적하였다.[75] 길리간이 형태 메타포(gestalt metaphor)에 대해서 잘못 이해했던 것은 모든 시각 자극들이 형태의 환영(illusion)처럼 애매한 것도 아니고, 모든 도덕적 이슈들이 대안적인 해석에 개방돼 있는 것도 아니라는 점을 보지 못했기 때문이라고 이들은 지적한다. 또한 길리간은 이러한 은유가 애매하게 설명하고 있는 시각적 인식과 실제적인 도덕적 해석 사이에는 심오하면서도 중요한 차이가 있다는 점을 이해하지 못하고 있다는 것이다. 즉 오리-토끼의 환상 안에서 오리와 토끼를 동시에 보는 것은 불가능할 수 있지만 도덕적 문제에서는 정의와 배려의 특징(saliency)들을 동시에 바라볼 수도 있고, 도덕적 숙고에서 그 특징들을 보는 것도 불가능하지 않다는 것이다. 왜냐하면 시각적

---

75) Ibid., pp. 73-74.

인식과는 달리 도덕적 고려는 계속해서 일어나고, 우리가 가지고 있는 다양한 정보들에 대한 동화와 조절을 포함하기 때문이다. 이들은 이러한 관점에서 두 관점들이 근본적으로 양립할 수 없다는 길리간의 제안이 잘못되었다고 주장하였다.

또한 클레멘트(G. Clement)와 재거는 두 윤리가 양립 불가능하다는 길리간의 주장과 상반되는 입장을 보여 주고 있다. 이들은 정의와 배려가 상호 배타적이거나 독립적인 윤리가 아니라, 상호 의존적이면서 양립 가능한 윤리라고 주장하였다. 클레멘트는 토끼/오리의 형태와 정의/배려의 형태 사이에 서로 대비할 수 없는 한 가지 중요한 차이점이 있다는 것을 지적하였다.76) 클레멘트에 따르면 토끼와 오리의 정향 사이에는 연계, 즉 토끼 그림 속에 숨겨진 오리 그림이 있을 필요가 없지만 정의와 배려는 여러 가지 방식으로 상호 의존적이라는 것이다.

재거는 오리의 형태가 토끼의 형태로도 보이고, 토끼의 형태가 오리의 형태로도 보일 수 있다는 것은 우연적인 사실에 불과한 반면, 특수한 상황들은 사회적 구조들로부터 그 의미를 얻고, 사회적 구조들은 오직 특별한 상황 안에서의 구체화를 통해서만 존재할 수 있다는 것은 우연이 아니라고 주장하였다.77) 또한 재거는 두 윤리가 추상적인 것과 맥락적인 것을 강조하고 있다는 점에 근거해서 두 윤리가 양립 불가능한 배타적인 것이 아니라 상호 의존적이라는 점을 강조함으로써 길리간과 상반되는 입장을 보여 주고 있다.

---

76) G. Clement, *Care, Autonomy, and Justice*(Colorado: Westview Press, 1996), p. 120.
77) A. Jaggar, "Caring as a Feminist Practice of Moral Reason," Held(eds.), *Justice and Care: Essential Readings*(Colorado: Westview Press, 1995), p. 20.

애매한 그림의 비유를 통해서 두 정향이 양립 불가능하다고 보고 있는 길리간의 입장은 길리간의 또 다른 연구 결과들과 서로 모순되는 문제점을 지니고 있다. 앞에서 살펴보았던 길리간과 아타누치의 논문에 따르면 80명(남 46명, 여 34명)의 연구 대상자 중에서 두 도덕적 정향을 함께 사용한 사람은 55명(69%)에 달했고, 두 관점에서 오직 배타적으로 한 관점만을 사용한 사람은 25명(31%)에 불과했다.[78] 이러한 연구 결과는 동시에 두 관점을 볼 수 없고, 그러므로 두 관점이 양립 불가능하다는 길리간 자신의 주장과 모순된다. 길리간 자신도 이러한 문제점을 자신의 논문에서 인정하면서 두 관점의 관계에 대한 더 깊은 연구의 필요성을 언급하고 있다.

길리간은 최근 들어 자신의 주장이 갖고 있는 문제점을 보완해 두 윤리간의 관계를 새로운 관점에서 제시하였다. 길리간은 정의와 배려의 관계를 음악적 은유를 통해서 설명하고 있다.[79] '대위선율(counter-point),' '하모니(harmony),' '조화로운 전체(harmonious wholes),' '이중 둔주곡(double fugue)' 등의 용어들은 길리간에게 근대적 전통의 도덕적 영역에서 근본적으로 벗어난 새로운 도덕적 영역을 기술할 수 있는 수단을 제공해 주었다. 그녀는 남성의 발달 이론에서 많이 사용되어 왔었던 단계(stage 혹은 step)라는 용어 대신 음악 용어인 대위법이나 주제(theme)라는 말을 사용해 두 윤리간의 관계를 대위선율에 비유해서 설명하였다.

---

78) Gilligan & Attanucci, op. cit., pp. 80-81.
79) C. Gilligan, A. Rogers & L. Brown, "Epilogue: Sounding into Development," C. Gillign, N. P. Lyons & T. J. Hanmer, *Making Connection*(Massachusetts: Harvard University Press, 1990), pp. 314-323.

대위선율(counterpoint)은 다른 멜로디를 수반하는 멜로디이다. 즉 대위
선율은 반대되는 것이 아니라 상호 관련되면서도 상호 독립적인 멜로디
를 포함한다.[80]

이러한 음악적 비유를 사용함으로써 길리간은 배려와 정의의 관계
를 초기의 형식화에서 내포된 함축을 피하는 방식으로 정의하고자 했
다. 길리간은 하나의 조화로운 전체를 구성하는 고정된 하모니의 법칙
을 갖고 있는 이러한 두 목소리들은 서로 연관되어 있긴 하지만 독립
적인 것이라고 보았다. 즉 정의와 배려는 이중 둔주곡과 같이 함께 연
주되는 것으로서 서로 독립적이면서도 공존과 조화를 필요로 하는 관
계를 갖는다는 것이다.

두 윤리간의 관계에 대한 길리간의 입장이 계속 수정되어 왔지만
그녀의 입장을 종합해 보면, 그녀는 두 관점이 서로 대립되고 적대적
인 것이 아니라 서로 독립적이고 조화를 필요로 하는 상보적이고 공존
을 필요로 하는 관계를 갖는다는 입장을 취하고 있다.[81]

---

80) Ibid., pp. 321.
81) 본서에서는 길리간의 두 윤리의 관계에 대한 입장과 두 윤리의 통합과 보완을
    필요로 하는 비판가들의 주장들에 대한 분석에 근거해서 두 윤리가 서로 대등
    한 윤리이고, 상대 윤리를 통해 보완을 필요로 하는 불완전한 윤리로서 상보
    적인 관계에 있다는 입장을 택하고 있다.

3. 배려 윤리의 발달 단계

(1) 청소년기 이후 여성의 도덕성 발달 단계: 3수준 2과도기

길리간은 정의 도덕성 발달론만으로는 여성의 도덕성 발달 과정을 제대로 평가할 수 없다는 문제 의식에서 여성의 도덕성 발달을 평가할 수 있는 기준으로서 배려 윤리의 발달 단계를 제시하였다. 길리간에 따르면, 남성은 도덕 문제를 권리와 규칙의 문제로 규정하고 있으며, 남성의 도덕 발달은 평등과 상호성의 논리와 관련된다고 한다. 이에 반하여 여성은 도덕 문제를 인간 관계에서의 배려와 책임의 문제로 규정하고, 도덕 발달은 책임과 인간 관계에 대한 이해가 변화하는 것과 직결되어 있다고 한다.[82]

길리간은 임신 중절 딜레마에 직면한 여성들과의 면담을 통해서 배려 윤리의 발달 과정을 밝혀냈다. 길리간은, 배려 윤리가 3수준(level) 2과도기의 과정을 걸쳐서 발달해 간다고 보았다.[83] 길리간의 배려 윤리 발달 단계에 대한 이론은 콜버그의 인지 도덕 발달 단계에 근거하고 있으며, 콜버그가 사용한 인지 도덕 추론의 3수준을 전제로 하고 있다. 배려 윤리의 제1수준(자기 생존: 이기심)은 정의 윤리의 인습 이전 수준에 해당되며 주로 자기 자신의 이익과 생존에만 관심을 갖는다. 제2수준(책임)은 인습 수준에 해당되며, 주로 책임에 대해서 관심을 갖는다. 제3수준(비폭력적 도덕성)은 인습 이후 수준에 해당되며 자

---

82) C. Gilligan, 허란주 역, op. cit., p. 51.
83) Ibid., p. 152.

신과 타인 모두에게 관심을 둔다.

①제1수준: 자기 중심 단계

이 단계는 개인적 생존을 최우선으로 하는 단계이다. 이 단계에 속한 여성들의 유일한 관심은 자아의 생존이며, 이들은 자신의 생존을 확보하기 위하여 지극히 자기 중심적이다. 이 단계에서 여성들이 선으로 생각하는 배려는 다른 사람을 위한 것이 아니라 오직 자신을 위한 배려이다. 이 단계에 속한 여성들의 관심은 오직 자신의 욕구뿐이다.

이 단계에 속한 여성들이 임신 중절 여부를 결정하는 데 있어서 관건이 되는 것은 자기 자신이다. 이 단계에서 임신 중절에 대한 고려는 실용적인 것이며 궁극적인 목표는 생존이다. 여성이 자신을 배려하는 데 초점을 맞추는 이유는 자신이 혼자라고 느끼기 때문이다. 이 수준에 속한 여성이 자기 생존에 대해서 우선적인 관심을 표명하고 있는 하나의 예로서 하인즈 딜레마에 대한 16세의 한 응답자의 대답을 들 수 있다.

> 난 생존이 사람들이 추구하는 것 중에서 가장 중요한 거라고 생각해요. 난 그게 절도를 범하지 않는 것보다 더 중요하다고 생각해요. 절도는 잘못된 것인지 모르지만 생존하기 위해서 훔쳐야 한다면 또는 살인이라도 해야 한다면, 그렇게 해야만 해요. … 자기 보존이 무엇보다도 중요하다고 생각해요. 삶에 있어서 어느 것보다도 중요하죠.[84]

---

84) Gilligan(1982), op. cit., p. 76.

②첫번째 과도기: 이기심에서 책임감으로

길리간은 첫번째 수준으로부터 두 번째 수준으로 발달해 가는 과정에서 첫번째 과도기에 도달한다고 보았다. 첫번째 과도기에서 이기심과 책임이라는 대립적인 개념이 처음으로 등장한다. 자기 중심적인 이기심을 비판하기 시작하면서 자신과 타인과의 연결을 새롭게 이해하기 시작한다. 이 단계에서 자신의 결정에서 보이는 이기심은 도덕적 선택에서 나타나는 책임감과 대치된다. 이와 같이 자기 중심적인 이기심으로부터 타인에 대한 관심이 출현하면서 이루어지는 성숙은 아동기로부터 보다 성숙한 도덕적 추론 수준을 향한 최초의 중요한 도약이다.

③제2수준: 책임과 자기 희생 단계

이 단계에서 여성은 다른 사람들에 대한 자신의 책임을 강조하게 되며, 자기에게 의존하는 사람이나 자기보다 열등한 사람을 배려하고자 하는 모성애적 도덕을 채택한다. 선행은 타인을 배려하는 행위와 동일시된다. 이 단계의 특징은 임신 중절 문제에 대한 25세 여성의 응답을 통해서 명확하게 드러나고 있다.

난 단지 아기를 갖고 싶었을 뿐이에요 그리고 난 임신 중절이 옳지 않다고 생각해요 난 내 몸에 변화가 일어나는 것을 느꼈을 때 굉장한 보호 본능을 느꼈죠 하지만 난 그의 아내가 충격을 받을 것에 대해서도 책임감을 느껴요 … 만약 아기를 원하기만 하면 난 언제라도 다시 가질 수 있을 것이라고 말했죠 그는 만약 내가 임신 중절을 하지 않으면 우리 사이가 멀어질 것처럼 느끼게 했어요 그래서 난 임신 중절을 선택해야

만 했어요.[85]

그녀가 보기에 임신 중절은 옳지 못한 선택이었다. 그러나 이러한 도덕적 신념에도 불구하고 그녀는 임신을 유지하기보다는 자신의 삶을 포괄하는 한 남성과의 관계를 지속시키기 위해 임신 중절을 선택했다. 이러한 임신 중절의 결정은 바로 타인을 기쁘게 하려는 관심으로부터 유래하는 것으로서 책임감과 자기 희생이라는 두 번째 수준의 특징을 잘 보여 주고 있다.

이 단계의 도덕성은 전통적으로 여성의 미덕으로 간주되고 가부장적 질서 속에서 여성에게 요구되고 강요되었던 복종과 희생, 즉 집안의 천사의 도덕성을 의미한다. 이 수준에서 여성은 자신은 없고 오직 타인만을 위해서 존재함으로써 자율성을 상실하고, 자신을 상실하는 희생적인 역할만을 요구받게 된다. 이는 전통적으로 모자녀 관계에서 이루어지는 전통적인 모성적 도덕성을 의미한다. 길리간이 이러한 모성적 도덕성, 즉 여성의 희생과 헌신을 중시하는 도덕성을 2수준의 도덕성에 위치시키고 있다는 점에 우리는 유의할 필요가 있다. 왜냐하면 전통적으로 길리간에 대한 비판가들은 길리간의 배려 윤리가 이러한 2수준의 도덕성을 미화하고 강요하고 있다고 비판해 왔기 때문이다.

그러나 여기서 볼 수 있듯이 길리간이 이러한 도덕성을 발달 수준에서 중간에 위치한 미숙한 도덕성으로 간주하고 있다는 점을 고려할 때, 이러한 비판은 길리간의 배려 윤리를 잘못 이해한 결과라고 할 수 있다. 길리간이 이러한 자기 희생적이고 헌신적인 제2수준의 도덕성을

---

85) Ibid., p. 163.

미성숙한 도덕성으로 정의하고, 자신과 타인을 함께 동등하게 배려하고 고려할 수 있는 제3수준의 도덕성을 최고의 도덕성 발달 단계로 규정했던 것은 여성에 대한 억압과 희생을 정당화하기보다는 여성을 이러한 억압과 희생으로부터 해방시키려고 했던 것으로 해석해야 할 것이다.

길리간에 따르면, 이러한 두 번째 수준에서 배려의 대상이 오직 다른 사람에게만 국한될 때 여성 자신은 배려의 대상에서 제외되어 인간관계의 평형이 파괴된다. 여성은 무조건적인 배려와 순응을 행위의 원리로 채택하고 자기 희생을 도덕적 이상으로 간주하지만 이것은 자신과 다른 사람들간의 불평등을 야기시키기 때문에 여성은 혼란에 빠지게 되는데, 이러한 과정을 통해서 두 번째 과도기에 도달하게 된다. 두 번째 과도기에서는 선함에 대한 관심보다 진실에 대한 관심이 더 커진다.

④두 번째 과도기: 선함에서 진리로

두 번째 과도기는 자신과 타인의 관계를 다시 고려하면서부터 시작된다. 여성은 책임감이라는 개념을 재검토하고 외부적 관심에 새로운 내부적 판단과 동일한 비중을 둔다. 자신이 배려하고 관심을 기울여야 하는 영역 안에 자기 자신을 포함시키는 것이 이기적인 것인지 아니면 책임 있는 행동인지 의문을 갖기 시작한다. 곧 책임감의 개념이 자기 자신의 욕구와 이해 관계를 포괄할 수 있도록 확대되는 것이다. 이러한 전이는 여성이 배려의 도덕을 뒷받침한다고 생각했던 자기 희생의 논리를 면밀히 고찰하는 과정에서 자아와 타자간의 관계를 재고하면서부터 시작된다. 이러한 과도기를 거쳐서 배려의 최고의 도덕성 발달 단계라고 할 수 있는 제3수준의 비폭력적 도덕성에 도달하게 된다.

⑤제3수준: 비폭력의 도덕성

이 수준에 도달하게 되면 여성은 인간 관계가 상호적이라는 것을 인식하며, 타인과 자신과의 관계에 대한 새로운 이해를 통해서 이기심과 책임간의 대립을 해소한다. 임신 중절에 관한 결정에 있어서 여성들은 그들 자신의 독립적인 권리를 주장하게 된다. 그러나 동시에 다른 사람들에 대한 그들의 책임감도 마찬가지로 고려한다. 이 단계의 여성들은 더 이상 자신들을 무력하거나 복종적인 존재로 여기지 않는다. 이제 의사 결정 과정에 있어서 적극적이고 동등하게 타당한 참여자가 되는 것이다. 여성들은 이제 자기 자신도 배려의 대상이 되어야 한다는 것을 깨닫게 되며, 다른 사람과 동시에 자신에 대해서도 부당한 착취와 가해를 막아야 하며, 자기 자신을 배려해야 한다는 배려의 원리를 도덕 판단의 보편적인 원리로서 채택한다.

이러한 배려의 원리는 도덕 판단에 적용되는 원리로서 여성이 스스로 선택한 것인데, 이것은 구체적인 인간 관계와 그 속에서 일어나는 심리적 대응들에 대한 분석으로부터 도출되었다는 점에서는 심리적이지만, 그 원리에 따르게 되면, 구체적 상황에서 일어나는 어떠한 착취나 가해도 무조건적으로 비난받아야 한다는 점에서 보편적인 적용 범위를 갖는다고 한다. 따라서 배려 윤리가 발달할 수 있었던 것은 인간 관계 심리학에 대한 진보된 이해 ― 자아와 타자간의 보다 명확한 개별화와, 사회적 상호 관계의 역학에 대한 발전된 이해 ― 가 가능했기 때문이다.

배려 윤리에서 전제되는 중심적인 직관은 자아와 타자가 상호 의존적이라는 것이다. 위와 같이 단계에서 단계로 발달해 가는 힘은 인간 관계에 대한 이해의 증대와 타인을 무시하지 않으면서 자기 자신에 대한 배려와 통합을 유지하려는 데 있다. 이러한 발달 과정을 통해서 여성은 자기 자신을 관계적 자아로 인식한다.

길리간은 자신의 이러한 발달 단계가 콜버그의 이론에 대한 중요한 보완인 동시에 콜버그의 도덕적 판단 단계와 유사성을 가지고 있다고 주장하고 있다. 콜버그와 길리간의 발달 단계에서 각 단계의 도덕적 내용은 다르지만 그 발달 계열은 도덕적 성숙을 향해서 같은 과정을 밟고 있다. 그러나 발달 단계에 대한 길리간의 이론은 이미 인지 발달 이론의 범주를 넘어선 것처럼 보이고 있다. 왜냐하면 인지 발달 이론은, 발달이 개인과 환경과의 상호 작용의 결과라는 것을 기본 가정으로 삼고 있기 때문이다.[86] 오히려 그녀의 설명은 정신분석학적 페미니스트들의 입장과 유사하다고 볼 수 있다. 왜냐하면 길리간은 정의와 배려라는 두 관점의 차이는 바로 초기 아동기에 어머니와 자식 사이의 관계에서 얻어진 경험에 근거한다고 보았기 때문이다.

길리간은 기존의 콜버그의 정의 도덕성 발달론이 남성들만을 표본으로 하여 구성됨으로써 여성의 발달 단계를 제대로 설명할 수 없고 여성을 열등하게 평가한다는 비판을 근거로 하여 여성에게 적합한 도덕성 발달론을 여성들만을 대상으로 수행한 임신 중절 결정에 대한 연구를 통해서 새롭게 구성했다. 그러나 이 과정에서 길리간 역시 콜버그와 동일한 성적 편견과 한계를 노정하고 있다. 임신 자체는 여성에게만 가능하고, 여성만이 경험할 수 있는 특수성을 갖는데, 길리간은

---

86) L. Kohlberg, "The Just Community in Theory and Practice," M. Berkowitz & F. Oser(eds.), *Moral Education*(Erlbaum Associates, 1985), p. 197.

여성들만을 대상으로 해서 연구했을 뿐만 아니라 여성들만이 경험할 수 있는 임신 중절 딜레마에 대한 연구를 통해서 배려 윤리를 주장함으로써 객관성과 보편성을 결여하고 있으며, 또한 성적 편견을 보이고 있다.

이와 함께 길리간의 배려 도덕성 발달론은 콜버그의 도덕성 발달론에 의거해서 구성됨으로써 인지 도덕성 발달론의 틀을 벗어나지 못하고 있다. 길리간의 배려 윤리에서는 발달을 위한 상세한 메커니즘이 제시되어 있지 않다. 구체적으로 개인이 어떻게 도덕 발달과 성숙을 성취할 수 있는지에 대한 언급이나 이러한 발달을 위한 교육 방법에 대한 언급도 빠져 있다. 또한 길리간의 배려 윤리의 발달에 대한 연구는 주로 임신 중절 딜레마에 직면한 성인 여성들을 대상으로 함으로써 청소년기 이전의 소녀들의 발달 과정은 반영하지 못한 문제점을 가지고 있다.

(2) 청소년기 소녀의 도덕성 발달 과정

길리간은 앞절에서 살펴본 것처럼 초기 성인 여성의 도덕 판단의 발달에 대한 연구에서 콜버그의 선형적 발달 개념을 기초로 하여 여성의 도덕 발달 과정을 생존에서 선함으로, 선함에서 진리로의 발달로 설명했다. 그러나 후속 연구들에서 길리간은 청소년기의 소녀의 발달에 주목하여 발달에 대한 새로운 해석과 주장을 하고 있다. 길리간의 대표적인 저서이자 초기의 그녀의 이론을 축약하고 있는 『다른 목소리로』는 청소년기 이후의 소녀들과 성인 여성들을 대상으로 한 "대학

생 연구," "임신 중절 결정 연구," "권리와 책임 연구"라는 세 가지 연
구 결과를 포함하여 기술된 책인데, 청소년기와 그 이전 소녀들의 발
달 과정과 특징들은 이 책 안에 거의 반영되지 않았다.[87) 길리간은
1980년대 후반 이후 후속 연구들을 통해서 청소년기와 그 이전 소녀
의 발달에 대해 연구를 진행해 오면서 도덕 발달에 대한 새로운 경로
를 추적하고, 이들의 발달에 대해서 상이한 해석과 발달을 위한 새로
운 입장들을 주장하고 있다.

길리간은 먼저 청소년기의 발달을 재고찰해야 할 이유를 크게 네
가지로 제시한 다음 청소년기의 발달에 대한 연구를 시작했다.[88)

첫째, 아동기에 대한 관점이 크게 변화했기 때문에 이들에 대한 재
고찰이 필요하다는 것이다.[89) 유아기와 초기 아동기에 대한 최근의 연
구들은 아동들이 기존의 심리학자들이 이전에 생각했던 것보다 훨씬
더 사회적이라는 것을 밝혀 주었다는 것이다. 즉 이러한 연구들은 아
동들이 관계를 시작하고, 지속할 줄 알며, 타인과의 사회적 상호 작용
의 유형에 참여하며, 그들과 관계를 창조할 줄 알 뿐만 아니라 이전에
우리들이 생각했던 것보다도 자신들이 다른 사람과 연결되어 있다는
데 훨씬 더 많은 관심을 가지고 있다는 것을 밝혀 주었다는 것이다.

---

87) 이 중에서 권리와 책임 연구만이 6-9세에서 시작하여 나이, 지능, 학력, 사회
계급이 내등한 남성과 여성으로 구성된 144명을 대상으로 하여 11세, 15세,
22세, 25-27세, 35세, 45세, 60세에 걸치는 9번의 종단 연구를 통해서 권리와
책임에 대한 입장을 비교하고 있다.

88) C. Gilligan, "Adolescent development reconsidered," C. Gilligan, J. V. Ward
and J. M. Taylor(eds.), *Mapping The Moral Domain*(Cambridge: Harvard
University Press, 1988), pp. viii-xiii.

89) Ibid., pp. viii-x.

길리간은 아동기에 대한 이러한 급진적인 인식의 변화로 인해서 청소
년기의 발달에 대한 재고찰이 필요하다고 주장한다. 특히 길리간은 아
동기에 나타난 것으로 밝혀진 사회적인 반응과 도덕적인 관심이 청소
년기에 부재한다는 사실에 관심을 두고 연구를 진행하였다.

둘째, 심리학자들이 그 동안 소녀들에 대한 연구를 소홀히 해왔다는
점을 들고 있다. 길리간은 기존의 연구들에서 소녀들을 연구하지 않음
으로써 소녀들의 관계에 대한 것을 간과해 왔다고 주장한다. 의존의
필요성은 청소년기의 모든 소녀들에게 존재하는 것이며, 자아는 타인
과 관계를 맺고 유지하는 가운데 형성되기 때문에 이들에게 관계의 상
실은 자아의 상실과 동등한 것으로 경험된다는 것이다. 그런데 그 동
안의 연구들은 이러한 측면들을 인식하지도 반영하지도 못했기 때문
에 소녀들과 여성들에 대한 연구가 충분히 이루어져서 평가의 기준이
소년과 남자뿐만 아니라 소녀와 여성에 대한 연구로부터 도출될 때까
지는 성차에 관한 모든 논의를 보류해야 한다는 것이다. 따라서 그 동
안의 자아, 발달, 관계에 대한 연구들은 무의미하기 때문에, 자아와 타
자를 상호 연관되고 상호 의존적인 것으로 파악하고 있는 이들에 대한
새로운 연구가 필요하다는 것이다.

셋째, 길리간은 인지에 대한 개념들이 추상적인 규칙에 근거하고 있
는 피아제의 입장에 너무 크게 의존하고 있다는 점에서 청소년기에 대
한 재고찰의 필요성을 찾고 있다. 피아제의 인지 발달에 대한 개념은
수학과 과학적인 사고의 성장에 적합했기 때문에, 1950년대 스푸트니
크(sputnik)호 발사 이후의 시대적인 분위기에 편승하여 학교의 교육
과정에서 수학과 과학 과목들만 강조되었고, 역사, 문학, 예술 같은 과
목들은 설자리를 잃게 되어 교양 교육과 인본주의적 교육이 쇠퇴하게

되었다는 것이다. 이로 인해서 피아제의 이론은 인본주의 교육에 아무런 이론적인 근거를 제공해 주지 못했다는 것이다. 따라서 학교 교육의 정상화를 위해서는 이러한 교양 교육과 인본주의 교육이 필요하다는 것이 길리간의 입장이다.

마지막으로 길리간은, 심리학자들이 그 동안 발달에 대해 몰역사적인 접근을 함으로써 개별화, 분리, 자율성을 지나치게 강조해 왔다는 점을 그 이유로 들고 있다. 발달을 분리와 동일시하고, 독립을 성숙과 동일시하는 것은 세대간의 급진적인 단절을 상정하고 있으며, 인간의 경험은 근본적으로 역사와 시간으로부터 단절된 것이라는 견해를 강요하고 있는 것이다. 초기 아동기에서부터 청소년기에 이르기까지 부모와 자식간의 관계는 불평등한 관계에서 평등한 관계로 선형적으로 진보해 가는 흐름과 부모와의 사랑과 친밀감이 시간이 흐름에 따라 불연속적으로 강화되어 가는 두 가지 흐름으로 구성된다는 피프(Pipp)의 연구 결과는 길리간으로 하여금 두 가지 발달의 흐름 중에서 평등과 독립만을 지나치게 강조하고 있다는 데 특별한 관심과 주의를 기울이게 하였다. 기존의 발달 심리학에서는 애착에서 분리로 나아가는 것을 발달로 규정하고, 청소년기의 아동들과 부모간의 연결의 지속을 의존적인 것으로 간주함으로써 분리와 독립만을 강조하고 애착과 상호 의존성을 무시하는 경향을 보였다. 길리간은 이러한 측면에서 상호 의존과 연결, 애착과 친밀감을 강조하는 발달 흐름을 밝혀 줄 수 있는 청소년기 소녀들에 대한 연구가 필요하다고 주장하고 있다.

길리간은 위와 같은 필요성에 근거해 청소년기의 도덕성 발달을 추적하기 위해 먼저 청소년기의 소년과 소녀의 상이한 경험에 대해 분석

하고 있다. 길리간은 청소년기의 소녀들의 경험을 설명하는 데 있어서
는 애착과 분리의 문제가 핵심적인 관심으로 대두된다고 보았다. 청소
년의 심리에 대한 연구들에서 배제되어 왔던 소녀 집단은 반복적으로
청소년기에 분리에서 문제를 가지고 있는 것으로 기술되고 있기 때문
에 청소년기의 발달 이론을 확대하기 위해서는 소녀들의 경험에 대한
새로운 해석이 필요하다는 것이다.[90]

이러한 입장에서 길리간은 콜버그의 발달 이론의 근본적인 가정, 즉
발달을 의존에서 독립으로, 즉 인간 관계에 대한 의존에서 자율적인
자아로의 발달로 정의하고 있는 선형적 발달에 대해서 이의를 제기한
다. 길리간의 초기 발달 이론에서는 선형적인 진보를 애착에서 자율성
으로의 이동으로 규정하고 있다.[91] 이러한 관점에서 볼 때 청소년기
소녀들이 인간 관계를 이탈하는 것에 저항하고, 관계에 애착을 보이는
것을 발달이 아닌 후퇴로 규정하는 것은 당연하다. 왜냐하면 단절과
분리를 성숙한 자아의 표시로 보고 있는 선형적인 도덕 발달론에서는
의존에서 분리로의 이동이 성숙한 자아를 구성해 주는 발달로 해석하
고 있기 때문이다.

그런데 소녀들은 이러한 이동에 저항하면서 애착 관계를 계속 맺으
려고 했으며, 자신들의 관계를 지속하고자 했다. 길리간은 청소년기
소녀들이 의존을 부정적인 것이 아니라 긍정적인 것으로 정의하고, 분
리에 대한 저항을 개별화에 대한 실패가 아니라 진보와 문명화에 대한

---

90) C. Gilligan, "Exit-voice Dilemas in Adolescent Development," C. Gilligan, J.
V. Ward, and J. M. Taylor(eds.), *Mapping The Moral Domain*(Cambridge:
Harvard University Press, 1988), pp. 146-147.
91) S. J. Herkmann, *Moral Voices, Moral Selves: Carol Gilligan and Feminist Moral
Theory*(Oxford: Polity Press, 1995), p. 11.

다른 해석으로 보고 있다고 주장한다.92) 이러한 해석은 보다 좋은 형태로의 선형적인 진보를 발달로 정의하고 있는 기존의 선형적인 발달 개념에서는 불가능하다. 왜냐하면 이러한 개념에서 볼 때 관계에 애착을 보이고 분리에 저항하는 것은 보다 좋은 형태로의 이동이 아니라 더 나쁜 형태, 퇴보된 형태로의 이동, 즉 발달이 아니라 후퇴, 고착이기 때문이다.

이와 상이한 관점에서 길리간은 발달을 잠재적인 능력을 충분히 실현하고 펼치는 것이라고 정의함으로써 청소년기의 이러한 발달 양식을 후퇴가 아니라 발달이라고 낙관적으로 규정한다. 다시 말하면 청소년기 소녀들이 관계로부터의 이탈에 저항하고, 관계에 애착을 보이는 것을 도덕적 문제나 도덕적 결핍이 아니라 참다운 도덕적 발달로 해석해야 한다는 것이다.

그러나 성숙한 자아는 자율성보다는 관계의 관점에서 정의된다고 보았던 길리간의 청소년기의 발달에 대한 낙관적인 견해는 청소년기의 소녀들에 대한 또 다른 연구를 통해서 부정적인 입장으로 전환된다. 길리간과 브라운의 연구에 따르면, 7세에서 10대 중반까지의 소녀들은 자신의 감정을 솔직하게 표현했을 뿐만 아니라 자신의 신념과 의견을 기탄없이 표출하였다고 한다.93) 그러나 8세 이후부터 이 소녀들은 여성의 행동을 가로막는 인습적인 벽에 서서히 직면하면서 이에 도전하기 시작하지만, 자신들이 이전에 가졌던 솔직한 감정과 신념들을 표현하는 것을 억제해 간다는 것이다. 여기서 말하는 인습적인 벽이란

---

92) Gilligan(1988), op. cit., p. 14.
93) L. Brown & C. Gilligan, *Meeting at the Crossroads: Women's Psychology and Girls' Development*(Cambridge, M. A.: Harvard University Press, 1992), pp. 44-53.

전통적으로 여성에게 희생과 헌신을 요구하는 사회적 인습을 의미한다. 이러한 인습에서 기대하는 착한 여성이 되기 위해서 여성은 항상 자신을 돌보지 못한 채 타인을 위해서 헌신적으로 봉사하고 배려해야만 한다. 따라서 이 시기의 용기 있고 발랄한 소녀들은 이러한 인습에 저항할 수밖에 없지만 다른 측면에서는 이러한 인습의 영향을 받게 되어 자신을 억제하려고 한다.

10-11세가 되면 소녀들은 자신들이 알고 있는 것을 말하지 못하고, 자신들의 강력한 감정들을 표현하지 못하게 하는 인습적인 압력들과 투쟁해야 한다.[94] 브라운과 길리간에 따르면, 7-11세 소녀들의 관계에 대한 지식들 속에서는 강력한 감정이 표출되고 불일치가 일어난다고 한다. 솔직한 감정을 표현하고자 하는 욕구와 외적인 압력에 의해서 그러한 솔직한 감정을 표출해서는 안 된다는 모순에 빠지게 된다는 것이다. 소녀들은 스스로 말하지 않고, 관계를 위해서 침묵하고, 자신을 드러내지 않는 행동을 하고, 침묵을 지키고 이기적이라기보다는 비이기적으로 행동해야만 하는 아주 상이한 관계의 모델을 수용하도록 요구받는다. 그리하여 소녀들은 관계를 위해서 관계 밖에 머물러야만 한다는 것이다.[95]

이것은 타인과의 관계를 유지하기 위하여 자신의 감정과 신념들을 억제하여 착한 여자가 됨으로써, 자신의 목소리를 포기하고 자신을 관계로부터 배제시킨다는 것을 말해 주고 있다. 이들에 따르면 여기서 여성의 심리적 균열과 관계적 투쟁이 시작된다고 한다. 왜냐하면 이 시기의 소녀들은 스스로 관계로부터의 이탈에 저항하면서 다른 한편

---

94) Ibid., p. 91.
95) Ibid., p. 106.

으로는 관계를 위해서 자신을 관계로부터 분리시켜야 하기 때문이다. 길리간과 브라운은 10-11세를 기점으로 소녀들이 이처럼 관계를 위해서 관계 밖에 머물러야 하는 모순적인 관계적 곤경, 즉 진퇴양난의 위기에 처하게 된다고 보고 있다.

이처럼 관계적 곤경에 처한 소녀들에게 있어서 관계 안에서 정직하다는 것은 어리석게까지 느껴진다. 왜냐하면 정직은 이기적 혹은 무례함 혹은 못된 것으로까지 받아들여지기 때문이다. 또한 분리되고 위선적인 행동을 하는 여아들이 선생님이나 부모들로부터 사랑과 칭찬을 받는 반면, 솔직하고 관계를 위해 행동하는 여아들은 오히려 관계에서 배제되고 소외되어 고립되기 쉽다. 그리하여 청소년기의 여아들은 관계로부터 배제당하지 않고 관계를 유지하기 위해서 자신들의 생존 전략을 다양한 형태의 단절과 분리를 통하여 실행해 나간다. 바로 관계를 위해서 자신의 솔직한 감정을 감추고 침묵하게 된다.

길리간은 청소년기 이전의 소녀들에 대한 이러한 관찰을 통해서 자신이 청소년기 소녀들과 성인 여성들의 임신 중절 딜레마를 통해서 확립했던 발달 과정에 스스로 의문을 제기하고 있다.[96] 즉 세 가지 수준들과 두 과도기를 추적하는 이러한 계열들은 더 어린 소녀들에 대한 관찰은 반영하지 못하고 있다는 것이다. 길리간은 여기서 왜 이러한 발달 계열이 아동기에 대한 연구를 반영하고 있지 못한지에 대해서 구체적으로 밝히지는 않았다.

그러나 길리간의 입장을 종합해 볼 때, 기존의 선형적인 성인 여성의 발달 계열에 따르면 분명히 아동기보다는 청소년기의 소녀들이 도

---

96) Ibid., p. 318.

덕적으로 더 성숙하고, 자신과 타인에 대한 배려를 통해서 진실의 도
덕성, 즉 비폭력의 도덕성을 보여 주어야 한다. 그런데 청소년기에 소
녀들은 기존에 지녔던 용기와 발랄함, 솔직함을 상실하고 있었다. 결
국 청소년기 소녀들은 오히려 관계의 문제, 즉 관계를 위해서 관계로
부터 자신을 배제하면서도 한편으로는 자신이 관계로부터 이탈하는
것에 저항하고 있었던 것이다.

길리간의 초기 발달 이론에 따르면 이러한 발달적 특성을 보이는
청소년기는 도덕적 발달 단계에서 2수준(선함과 자기 희생)에 해당한
다. 이에 비하여 청소년기 이전의 어린 소녀들은 자신의 감정과 신념
을 솔직하게 표현하고 있었을 뿐만 아니라 부당한 것에 저항하였다.
그리고 이들은 청소년기 주변에서 청소년기의 목소리의 상실에 저항
하고, 진정한 관계가 위선적인 관계를 위해서 포기되는 것에 저항하는
것을 보여 주었다. 이런 측면에서 볼 때 오히려 청소년기 이전의 소녀
들은 청소년기의 소녀들보다 더 발달된 3수준에 근접하는 도덕성을
보여 주고 있었던 것이다. 이런 결과는 기존의 발달 계열에 역행하는
것이다. 이러한 차원에서 길리간은 기존의 발달 계열에 의문을 제기하
고 있을 뿐만 아니라 청소년기의 관계적 양상을 발달로 규정했던 기존
의 입장과 달리 청소년기를 발달이 아닌 퇴보, 후퇴의 시기로 규정하
였던 것이다.

길리간은 아동기에서 청소년기로 넘어가는 12세를 전후 해서 소녀
들은 앞에서 설명한 관계적 곤경을 경험한다고 보고 있다. 길리간과
브라운은 이 시기를 여성 심리와 여아 발달의 만남이 이루어지는 중심
부 또는 교차로라고 부른다. 이 교차로는 소녀와 여인의 만남이 이루
어지는 교차점이자 여성과 남성에게 모두 영향을 주는 여성 심리에서

의 하나의 분수령이라는 것이다.97)

길리간에 따르면, 이 교차로에서 여아들은 자신들을 타인과의 관계 속에서 살고 있는 것으로 이야기하면서도 근본적으로 모순적인 관계적 위기를 묘사한다. 그것은 타인과의 관계를 갖기 위하여 착한 여자가 되어 자신의 목소리를 포기하고 침묵하는 것이다. 다른 한편으로는 자신의 목소리를 내면서 관계 자체를 부정하거나 타인과의 관계를 단절하는 것이다.98) 바로 이러한 이중적인 행위의 특성을 길리간은 관계적 곤경의 상황으로 해석하고 있다.

길리간은 아동기에서 청소년기에 이르는 과정에서 나타난 이러한 관계적 위기에 대해서 큰 관심을 보이면서 소녀들이 발달 과정에서 관계적 위기에 봉착하게 되는 원인으로서 가부장적 사회 구조와 남성 중심의 문화를 제시하였다. 길리간은 기존의 전통적인 가부장적 질서 속에서 여성은 집안의 천사(Angel in the house) 역할과 동일시한다고 주장하였다.99) 길리간에 따르면, 아동기에서 청소년기로 진입하면서 여

---

97) Ibid., pp. 15-16.

98) J. M. Taylor, C. Gilligan & A. M. Sullivan, *Between Voice and Silence: Women and Girls, Race and Relationship*(Cambridge, M. A.: Harvard University Press, 1995)

99) 집안의 천사의 특성은 버지니아 울프의 책에 잘 기술되어 있다. "집안의 천사는 아주 동정심이 많다. 그녀는 아주 매력적이다. 그녀는 전적으로 비이기적이다. 그녀는 어려운 가정 살림을 탁월하게 꾸려 간다. 그녀는 자기 자신을 매일 희생시킨다…… 그녀는 자기 자신의 소망이나 자신의 마음을 결코 가지지 않는다. 그러나 항상 다른 사람의 소망이나 마음에 동정심을 갖는다. 무엇보다도 그녀는 순수하다. 그녀의 순수성은 그녀의 주된 미덕이자 그녀에게는 은총이다. 빅토리아 여왕 시대 말기에 모든 가정에는 자체의 천사를 가지고 있었다." Virginia Woolf, "Professions for Women," *The Death of the Moth and Other Essays*(N. Y.: Harcourt Brace Jovanovich, 1970), pp. 236-238.

아들은 이러한 사회적 인습과 문화를 인식하기 시작하고, 그러면서 가정 안에서의 천사의 역할을 수용하게 되고 자신의 목소리를 감추게 된다고 한다. 그리하여 여아들은 비이기적이면서 헌신적이고 희생적인 착한 여성의 모습을 보이게 된다는 것이다.

길리간에 따르면 여성들이 인간 관계에서 자신의 목소리를 내지 않고 이타적으로 행위하는 것은 결국 자신의 목소리를 포기하고 인간 관계에서 책임을 회피하는 것이다. 결국에는 자기 자신의 소멸 또는 상실을 가져온다. 진실한 관계는 바로 자신과 타인이 함께 포함되고 동등한 관계를 유지하는 관계이며, 자신이 배제된 관계는 진실한 관계라고 볼 수 없기 때문에, 이러한 진실하지 못한 관계를 위해서 침묵하고 자신을 희생하는 것은 자신의 소멸과 상실을 가져오게 된다는 것이다. 길리간은 천사의 도덕을 부도덕한 것으로 보고 여성이 도덕적으로 발달하기 위해서는 이러한 천사의 도덕을 극복해야 한다고 주장하였다.[100] 여기서 우리는 길리간이 지향했던 도덕적 발달은 전통적으로 여성의 미덕으로 여겨져 왔던 모성적 배려나 천사의 도덕이 아니라 자신과 타인을 같이 배려하고, 관계 속에서 상호 작용하는 제3수준의 도덕성을 지향하고 있음을 알 수 있다. 이런 관점에서 길리간은 여성들에게 순종과 희생의 미덕을 요구하는 가부장적인 이데올로기로 인해서 여성들이 자기 희생을 선함으로 간주하는 제2수준 이상으로 도덕 발달을 하지 못한다고 보았던 것이다.

다른 한편, 소녀들은 교차로에서 관계적 위기에 직면해서야 자신의 목소리를 내려고 시도한다. 바로 자신들의 경험을 계속적으로 이야기

---

100) Gilligan, 허란주 역, op. cit., p. 9.

하려고 시도한다. 그러나 이들은 자신들이 목소리를 내면, 관계로부터 배제되고 소외된다는 것을 인식한다. 그렇지만 이들은 자신들에게 요구되는 관계는 가부장적인 이데올로기가 요구하는 관계로서 오히려 자신들의 삶에 장애가 된다는 사실을 인식하기도 한다. 그리하여 이들은 관계보다 직장에서의 성취와 경제적인 성공을 더 우선시하게 된다.101) 이 시기의 소녀들은 자신들의 미래에 대한 희망을 이야기할 때, 관계들이 자신들의 미래의 꿈과 희망에 방해가 된다고 보고 있다. 이 시기의 소녀들은 미래의 계획에 대한 잠재적인 위협으로 미래의 배우자, 자녀 그리고 애인들과의 관계들을 들고 있다. 이러한 관계들을 유지하기 위해서는 자신들의 모든 에너지와 시간을 소모해야 하기 때문이다. 따라서 이러한 관계에 헌신하기 전에 직업상의 성취와 경제적인 성공을 달성해야 한다는 것이다.102)

그러나 길리간은 이들 중에서 나름대로 성공하고 꿈을 이룬 사람도 있지만 오히려 좌절하고, 비난받고 낙담하는 사람들이 더 많다고 지적한다. 만약 소녀들이 실망이나 실패의 아픔을 피하기 위해서는 무엇보다도 자신의 능력이나 직업 선택의 기회, 그리고 계급, 인종, 민족들에게 특수하게 작용하는 실질적인 장애 등을 먼저 파악해야 한다는 것이다. 소녀들의 열망과 남성 중심적인 고정 관념에 대한 저항은 반드시 현실에 뿌리를 두어야 한다.103) 관계성을 여성의 본질적인 특성으로 가정할 때, 타인에 대한 배려를 포기하고 자신의 사회적 성공에 대한 열망을 추구하는 이러한 여아들은 관계로부터 분리되고, 관계 자체를

---

101) J. M. Taylor & C. Gilligan. & A. M. Sullivan, op. cit., p. 177.
102) C. Gilligan & Lyons, op. cit., pp. 237-238.
103) Ibid., pp. 189.

부정하고 있는 것이다. 여성들이 이러한 성공에 대한 열망과 희망을
갖게 된 것 자체가 기존의 가부장적인 사회 구조에서 요구하는 관계로
부터 벗어나기 위한 대안이었다는 차원에서 볼 때 이 또한 가부장적인
사회 구조의 산물이라고 볼 수 있다.

  앤드류(B. S. Andrew)는 여아들의 성공의 열망을 슈퍼우먼(super-
woman)에 대한 열망으로 개념화하여 길리간의 입장을 더욱 구체화했
다.104) 앤드류는 친밀함과 관계성을 거부하는 성공의 이념은 진정한
남성의 이념이 아니라 진정한 남성에 대한 여성적 비전(vision)이기 때
문에 남성 중심적인 사회에서 성취되기 어렵다고 보고 있다. 또한 여
기서 문제가 되는 것은 소녀들이 여성이 되고 싶어하지 않는다는 것이
다. 왜냐하면 여성이 된다는 것은 자신의 이념, 사고, 감정을 포기하는
것을 의미하기 때문이다. 슈퍼우먼의 이상은 또한 가부장적인 여성성
의 이념이고 다른 사람으로부터 아무것도 필요로 하지 않는 여성의 이
념이며, 다른 사람에게 아무것도 요구하지 않는 여성의 이념이다. 앤
드류는 이러한 슈퍼우먼의 이상은 여성들에게 더 큰 문제를 가져다주
고 있다고 본다. 왜냐하면 남성들은 아내와 가족들로부터 감정적, 신
체적 배려를 받을 수 있지만 남자들로부터, 그리고 관계로부터 독립한
여성은 누구로부터도 이러한 배려를 받을 수 없기 때문이다.105)

  길리간은 위에서 살펴본 대로 청소년기 소녀들이 관계적 곤경에 직
면해서 대처하는 방식들 자체가 가부장적인 사회 구조의 산물일 뿐만
아니라 어떤 방식이든 간에 이러한 관계적 위기에 대한 완전한 해답이
될 수 없다고 보고 있다. 그러나 길리간은 소녀들이 관계적 곤경을 극

---

104) B. S. Andrew, op. cit., pp. 129-138. 참조
105) Ibid., pp. 132-133.

복하기 위해 노력하는 것 자체가 새로운 해결 방식을 시사해 주고 있다고 보고 있다. 길리간은 이러한 청소년기 소녀들의 발달론적 이야기들이 위험과 상실의 이야기가 아니라 힘과 활력의 이야기라고 주장하고 있다.106) 다른 사람과 연결을 유지하려고 하고, 자기 자신의 사고와 감정과 연결을 유지하려는 소녀들의 적극적인 활동이야말로 쾌활하고 용기 있는 활동이라는 것이다.

길리간은 이러한 활동이 관계적 위기와 심리학적 문제를 낳기도 하지만, 결코 소녀들의 결핍을 나타내 주는 것은 아니라고 보고 있다. 이를 소녀들의 결핍으로 보는 것은 기존의 가부장적인 사회 구조를 간과하기 때문이라는 것이다. 이러한 차원에서 볼 때, 이러한 활동들은 궁극적으로 소녀와 여성들의 건강한 발달을 지지해 줄 수 있는 사회적·문화적 변화의 필요성을 보여 주고 있다는 것이다. 다시 말하면 이러한 여성들의 개인적인 노력이 갖는 한계는 사회 구조적인 요인으로 인한 것이기 때문에 사회 구조적인 변화가 선결 요건이 되어야 한다는 것이다.

길리간의 이러한 입장은 최근의 논문과 책들에서도 나타나고 있다.107) 길리간은 남성들의 여성들로부터의 분리와 여성들의 자신으로부터의 단절이 기존의 가부장적인 사회의 영속화를 위해서는 필수적

---

106) J. M. Taylor & C. Gilligan, A. M. Sullivan, J. M. Taylor & C. Gilligan, A. M. Sullivan, *Between Voice and Silence: Women and Girls, Race and Relationship* (Cambridge, M. A.: Harvard University Press, 1995), p. 27.

107) J. M. Taylor & C. Gilligan, A. M. Sullivan, *Between voice and silence: Women and Girls, Race and Relationship*(Cambridge, M.A.: Harvard University Press, 1995); L. Brown & C. Gilligan, *Meeting at the Crossroads: Women's Psychology and Girls' Development*(Cambridge, M.A.: Harvard University Press, 1992).

인 과정이었다고 보고 있다.108) 그렇기 때문에 그 동안 여성들이 냈던 목소리는 자신의 고유한 목소리가 아니라 사회적으로 구성된 가부장적인 목소리였기 때문에 이러한 목소리를 위해서 자신의 목소리를 포기하는 것은 인간 관계를 포기하고 선택과 관련된 모든 것을 포기하는 것이다.

그러므로 여성들은 사회적으로 구성되고 강요된 침묵의 목소리, 즉 가부장적인 목소리를 거부하고 자신의 고유한 목소리를 내야 한다는 것이다. 이를 위해서는 여아들과 여성들의 고유한 목소리에 귀기울이는 새로운 심리 이론이 필요하며, 여성의 심리 이론은 불가피하게 여성의 목소리와 경험을 억압함으로써만 유지 가능한 가부장적인 질서에 도전하게 된다는 것이다. 길리간은, 심리적 과정 및 분리와 단절을 거부함으로써 가부장적인 질서에 도전할 수 있는 능력은 이제 정치적인 행위가 된다고 주장한다.

가부장적인 질서가 낳은 관계적 위기를 극복하기 위한 대안으로서 길리간은 여성들과 여아들간의 교차로에서의 만남의 필요성을 제시하고 있다. 교차로에서의 여성과 소녀의 만남은 여성들로 하여금 여아들과 합류할 수 있는 기회를 제공해 주며, 이를 통해 잃어버린 목소리와 잃어버린 힘을 되찾고 그들이 청소년기로 들어갈 때 그들에게 공명하는 관계를 제공함으로써 여아들의 목소리와 용기에 힘을 불어넣어 준다는 것이다.109) 그리고 이러한 만남을 통해서 여성들과 여아들이 함께 관계를 위해서 관계를 포기하는 것에 저항한다면 이러한 만남은 사회적인 그리고 문화적인 변화에 대한 잠재력을 지니게 됨으로써 심리

---

108) Gilligan, 허란주 역, op. cit., p. 28.
109) L. Brown & C. Gilligan, op. cit., p. 23.

적으로 좀더 건전한 세계, 좀더 타인을 배려하는 정의로운 사회를 향해 나아갈 수 있다는 것이다. 길리간은 이처럼 여아와 여성간의 만남과 연대를 통해서 가부장적인 질서 속에서 상실했던 여성의 목소리를 회복해야 한다는 주장을 통해서 배려 윤리의 입장에서 여성주의 윤리의 입장으로 전환하는 조짐을 보여 주고 있다.

길리간의 이러한 입장은, 여성적 배려 윤리를 극복하고 여성주의 배려 윤리를 고양시키기 위해서 여성적 배려 윤리(feminine ethic of care)와 여성주의적 배려 윤리(feminist ethic of care)를 구분하고 있는 논문에서 찾아볼 수 있다.110) 우리는 여기서 길리간의 입장이 배려 윤리에서 여성주의 윤리로 전환되었음을 알 수 있다. 여성적 윤리로서의 배려는 특별한 의무들과 인간간의 관계성의 윤리로서 비이기적이고 자기 희생적인 행동을 요구한다. 여성적 윤리에서 배려는 길리간의 초기 발달 이론에서 제시하고 있는 발달 수준에서 보면 2수준의 도덕성에 해당되며, 배려 윤리는 가부장적인 사회 질서 안에서 나타나는 관계적 세계에서의 윤리를 의미한다.

이에 반하여 여성주의적 배려 윤리는 인간의 삶에서 일차적인 것이며 근본적인 것이라 할 수 있는 연결(connection)에서 시작된다. 사람들은 서로 연결되어 살고 있고 인간의 삶은 수많은 미묘한 관계들로 얽혀져 있다. 따라서 여성주의 배려 윤리는 여성적 배려 윤리 안에서 관계성의 문제로서 단절(disconnection)을 지적한다. 이러한 여성주의 배려 윤리 관점에서 볼 때, 분리된 자아의 개념과 자율성의 개념은 본질적으로 문제가 있는 것처럼 보인다. 왜냐하면 여성주의 배려 윤리 관

---

110) Gilligan(1995), op. cit., pp. 122-123.

점에서 볼 때 인간 활동의 영역은 오직 사람들이 관계를 배려하고, 사적인 세계를 돌보고 다른 사람과 연결되었다고 느낄 때에만 유지될 수 있기 때문이다.

길리간에 따르면 여성적 배려 윤리에서 배려로 규정하는 비이기적인 것(selfless)은 실제로 관계를 상실하거나 관계에서 자신의 목소리를 잃어버리는 것을 의미하고, 이러한 관계의 상실은 목소리를 침묵시키고, 내적인 슬픔과 고립감을 낳게 된다고 한다. 여기에 근거해서 길리간은 관계 속에 타인뿐만 아니라 자기 자신도 반드시 포함시켜야 한다고 강조하고 있다. 여기서 말하는 관계란 자신과 타인이 상호 연결되고, 자신과 타인을 함께 배려하는 진정한 관계를 의미한다. 따라서 진정한 관계를 유지하기 위해서는 자신과의 심리적인 분리의 과정을 중단하고 침묵 당한 목소리를 회복해야만 한다는 것이다. 그러므로 여성주의 배려 윤리는 가부장적 구조 안에서 살면서 여성들이 관계를 유지하기 위하여 관계를 포기하는 것에 저항하는 목소리가 된다.

길리간이 이처럼 두 윤리를 구분하고 있는 데서 알 수 있듯이, 길리간은 관계를 위해서 관계를 포기하고, 자신에 대한 배려를 이기적인 것으로, 비이기적이고 자기 희생적인 것을 배려로 간주하는 여성적인 배려 윤리는 부도덕한 윤리로서 극복해야 하는 것으로 보고 있다. 이에 대한 대안으로서 길리간은 진정한 관계와 인간간의 연결성을 강조하는 여성주의 배려 윤리를 제시하고 있다. 바로 여성주의 배려 윤리를 통해서 잃어버린 자신의 목소리와 관계를 회복하고 가부장적 사회 구조를 변화시킬 수 있다는 것이다. 길리간은 이처럼 후기에 들어오면서, 여성이 자신의 고유한 도덕적 목소리를 상실하고 관계적 곤경에 직면하게 된 원인이 가부장적인 사회 질서에 있다고 처방하고, 이에 대한 대안 중의 하나로서 학교 교육을 통한 여성간의 연대와 유대를 강화할 것을 제안하였다.

4. 배려 윤리 발달을 위한 도덕 교육

길리간은 배려 윤리를 정의 윤리와 함께 도덕성을 구성하는 하나의 도덕적 관점으로 정의하고, 발달 심리학적인 관점에서 배려 윤리에 접근하였다. 길리간의 배려 윤리는 기존의 인지 도덕성론의 한계를 지적하면서 제기되었고, 심리학적인 관점에서 주로 경험적인 연구들을 통해서 입증되면서 발달해 왔다. 길리간은 배려 윤리를 주로 심리학적인 관점에서 접근함으로써 배려 윤리의 윤리학적인 측면이나 교육학적인 측면을 등한시했다는 비판을 받기도 했지만, 최근의 연구에서는 엠마 학교에서 소녀들의 발달에 대한 연구와 함께 콜버그의 정의 공동체 접근에 대한 비판적인 논의들을 통해서 배려 윤리를 발달시키기 위한 교육에도 관심을 기울이고 있다.[111]

길리간은 브라운(Brown), 태편(Tappan)과의 공동 연구를 통해서, 기존의 핵심적인 도덕 교육론이라고 할 수 있는 콜버그의 인지 발달론에 기초한 가상적인 딜레마 수업을 통한 도덕 교육이나 정의 공동체 접근에 의한 도덕 교육은 정의 도덕성을 발달시키는 데는 기여했지만, 배

---

111) 길리간의 배려 윤리를 적용한 교육적 접근을 다루고 있는 문헌으로는 Gilligan, Lyons, & Hanmer, op. cit.; Brown, Gilligan & Tappan, op. cit. 등을 들 수 있다.

려의 도덕성을 발달시킬 수 있는 기회는 거의 제공해 주지 못했다고 비판하였다. 이들은 남녀 모두에게 정의와 배려의 도덕성이 함께 요청되기 때문에 학교 교육을 통해서 정의와 배려의 도덕성을 함께 균형적으로 발달시켜야 하는데도, 기존의 정의 공동체 접근으로는 정의만을 발달시킬 수 있기 때문에 기존의 교육 내용과 교육 방법을 개편해야 한다고 주장하였다.112)

먼저 이들은 도덕성을 변증법적인 것으로 정의한 다음 도덕 교육에 대한 논의를 시작하였다. 이들에 따르면 도덕성은 정의와 배려의 도덕성으로 구성되고 두 도덕성이 변증법적으로 상호 작용하기 때문에 정의와 배려에 대한 이해의 증진이 도덕적 기능을 성숙시키는 데 필수적이다.113) 도덕성에 대한 이러한 정의에 기초해서 이들은 도덕 발달을 촉진하고 조장해 주는 것을 목적으로 하는 도덕 교육은 반드시 정의와 배려의 목소리를 동등하게 인식하고, 남녀 모두에게 두 도덕성을 함께 교육해야만 한다고 주장하였다. 이들은 이를 위한 구체적인 방안으로 교육 과정과 교육 정책, 그리고 실제 교육을 통해서 두 도덕적 목소리를 함께 발달시킬 것을 제시하고 있다.

첫째, 이들은 기존의 교육이 자율적이고 합리적이며, 분리된 개별적 자아를 이상적 인간으로 설정하고, 이러한 인간을 양성하기 위한 교육에 치중함으로써 오늘날 교육에서의 비인간화를 가져왔다고 보고 있다. 또한 정의 도덕성을 발달시켜 주는 과학이나 수학 과목들만 강조되고 배려의 도덕성을 발달시켜 줄 수 있는 문학이나 역사 과목 등은

---

112) Brown, Gilligan & Tappan, op. cit., p. 325.
113) Ibid., p. 326.

교육 내용에서 배제됨으로써 이러한 문제가 야기되었다고 진단하고, 이에 대한 대안으로서 배려의 목소리를 반영하고 있는 역사와 문학 과목을 수학이나 과학 과목과 동등하게 가르칠 것을 제안하고 있다. 이들은 문학과 역사 과목을 수학이나 과학과 동등한 위치로 격상시킨다면 학교 교육 과정을 통해서 성공적으로 정의와 배려의 목소리를 함께 발달시킬 수 있다고 주장한다. 이러한 문학이나 역사 과목들은 귀납적으로 추론하고 상호 연결된 인간 관계의 맥락적 세계에 적합한 자아의 화술적 언어의 전제가 된다는 것이다.114)

따라서 지난 수십 년 동안 삶으로부터 진실을 추상화하고 관계성을 규칙에 종속시키고, 점차적으로 교육을 비인간적인 테크닉으로 만들었던 교육의 모든 측면들은 작문 활동, 가상적인 소설 읽기, 인간의 삶과 사회, 문화에 대한 역사적 이야기들 읽기, 의미가 어떻게 맥락에 의존하는가를 보여 주는 예술을 통한 시범, 학급 토론을 통한 대화, 독자와 문학 작품간의 상호 작용을 통한 의미의 구성 등의 활동을 내용으로 하는 역사와 문학 과목을 통해서 의사소통과 이해를 강조할 수 있도록 변화되어야 한다고 길리간은 주장하고 있다.115)

둘째, 배려 윤리를 발달시키기 위한 교육 방법으로 어린이들과 청소년들에게 자신들의 실제 삶에서 겪은 도덕적 경험에 관한 이야기를 할 수 있는 기회를 제공해 줄 것을 제안하고 있다. 배려 윤리 발달을 위한 이러한 내러티브 접근법은 학생들에게 자신의 도덕적인 경험을 이야기함으로써 "권위화(authoring)" 과정을 통해 자신의 권위와 책임감을 표현하고 고양시키는 기회를 제공해 주어야 한다. 이러한 이야기를 통

---

114) Ibid., p. 326.
115) Ibid., p. 326.

해 자신의 도덕적 경험의 인지적, 정의적, 행동적 차원을 표현해 봄으로써 학생들은 스스로 도덕적 관점에서 자신의 경험을 반성해 보도록 고무될 수 있다는 것이다.

여기에 근거해서 길리간은 학생들이 자신의 도덕적 이야기에 권위를 부여할 수 있는 다양한 내러티브적 방법을 구체적으로 제시해 주고 있다. 즉 학생들에게 심층적인 인터뷰 기회를 제공하기, 자신의 도덕적 이야기를 저널의 형태나 에세이 형태의 글로 써보게 하기, 간단한 희극이나 연극 또는 비디오 촬영과 같은 것을 통해 자신의 도덕적 이야기를 극화할 수 있도록 해주는 방법들을 들 수 있다.116) 길리간에 따르면 이러한 방법이 성공하기 위해서는 배려와 민감성을 지닌 교사가 있어야 한다. 따라서 교사들은 개방적·관용적 자세로 학생들의 이야기를 경청해야 하고, 이야기 속에 내재된 교훈을 이해하고 음미할 수 있도록 학생들과 반드시 협력해야 한다는 것이다. 길리간이 여기서 제시하고 있는 다양한 형태의 내러티브적 방법이나 교사의 역할에 대한 주장은 오늘날 우리나라 도덕 교육 현장에도 적용할 수 있는 방법들이다.

셋째, 소녀들이 관계적 위기를 극복할 수 있도록 하는 방법으로서 여교사와 소녀와의 긍정적이고 인간적인 만남의 중요성과 여교사의 역할을 강조하고 있다.117) 길리간에 따르면 여교사들은 소녀들로 하여금 목소리의 상실과 진실되지 못한 인간 관계, 그리고 여성 발달을 손상시키는 규범과 양식들에 굴복하는 것에 저항하도록 함으로써 소녀들이 건강한 심리학적 발달을 할 수 있게 해줄 수 있다고 한다. 길리간

---

116) Ibid., pp. 327-328.
117) Ibid., pp. 328-329.

은 특히 개방적이고 자신감이 넘쳤던 아동기 소녀들이 청소년기에 이르러 더 폐쇄적이고 자기 방어적인 태도를 취하게 된다는 점에서, 소녀들이 성인들로부터 관계적 세계에 대해서 알고 있는 것을 보호하거나 철회할 필요성을 느끼기 이전에 소녀들과 관계를 확립하는 것이 중요하다고 강조한다.

제4장

나딩스의 배려 윤리

1. 배려 윤리의 윤리학적 특징

(1) 여성 윤리로서의 배려 윤리

나딩스는 길리간의 배려 윤리에 대한 입장을 수용하고 여기에 기초해서 배려 윤리를 윤리학적으로 더욱 발달시켰다. 나딩스는 기존의 윤리학 연구에서 여성은 도덕적으로 열등하고, 남성에게 윤리적으로 위험한 존재로까지 간주되어 왔다고 주장한다.[1] 여성이 이렇게 무시당하고 열등하게 평가된 것은 윤리학이 남성들에 의해서 연구됨으로써 여성의 경험과 특성들이 철저히 무시되고 배제되었기 때문이라는 것이다.

---

1) N. Noddings, "Ethics from the Standpoint of Women," Deborah Rhode(eds.), *Theoretical Perspectives on Sexual Difference*(New Haven: Yale University Press, 1990), p. 160.

나딩스도 길리간과 마찬가지로 윤리학에서 남성적 특성과 여성적 특성이 서로 다르다는 것을 수용하였다. 길리간과 나딩스는 공통적으로 이성, 추상적인 사고, 규칙 그리고 원리들은 남성적 특성으로, 직관, 감정, 다른 사람에 대한 수용성, 맥락적 사고는 여성적 특성으로 규정하였다. 두 사람의 공통점은, 법과 원칙에 근거하고 남성의 정신이 지배하는 원리의 윤리와 여성적인 수용성, 관계성, 응답성에 근거한 사랑과 모성적 배려의 정신이 지배하는 배려 윤리로 윤리학을 구분하고 있다는 점이다. 나딩스는 윤리학에서의 남녀간의 차이에 대한 인식을 토대로 하여 기존의 윤리학은 남성의 윤리학으로서 남성들에 의해 연구되어 왔을 뿐만 아니라 남성적인 관점만을 반영하고 이를 근거로 하여 도덕성을 평가함으로써 여성적 특성을 반영하는 배려 윤리를 철저하게 무시하고 열등하게 평가하였다고 비판한다.

기존의 윤리학에 대한 나딩스의 이러한 부정적인 평가는 전통 윤리학의 대표자라 할 수 있는 칸트에 대한 비판에서 명확하게 나타난다. 칸트는 「미와 숭고함의 구별에 관하여」라는 논문에서 남성과 여성의 특성과 능력을 날카롭게 구분하였다. "고상함, 심오함, 숭고함, 어려움의 극복, 조정, 심사숙고, 심오함, 추상적 숙고" 등을 남성적인 특성으로, "섬세함, 아름다움, 겸손함, 동정심, 연민, 즐거운 오락, 감각, 민감성, 감정, 자비, 상냥함" 등을 여성적인 특성으로 보고 있다.[2] 나딩스는 칸트가 여성 경멸적인 관점에서 남성 우월적인 성적 편견을 무의식적으로 드러냄으로써 칸트 자신이 강조했던 윤리학의 보편성을 스스로 훼손하고 있다는 점을 크게 비판했다.[3]

---

2) J. Grimshaw, op. cit., pp. 42-43.
3) Ibid., p. 162.

또한 나딩스는 칸트와 함께 니체, 제임스 등의 윤리학에서 나타난 남성 편견적인 특성을 지적함으로써 전통 윤리학이 보편 윤리학이 아니라 남성 윤리학에 불과하다는 자신의 입장을 정당화하였다. 나딩스는, 기존의 윤리학이 성적 편향성이라는 한계를 드러냄으로써 보편성을 결여하고 있다고 비판하면서, 여성의 경험과 특성을 반영하는 새로운 윤리학, 즉 배려 윤리학의 필요성을 제기했다.

나딩스는 여성의 관점에서 구성된 배려 윤리가 여성 또는 남성을 통제하거나 지배하기 위해서 고안된 것이 아니라 보다 더 좋은 세상을 만들고 더 훌륭한 의미를 찾기 위해서 고안된 것이며, 결코 여성만을 위한 윤리를 의도했던 것은 아니라는 점을 분명하게 밝히고 있다.[4] 이 점에 대해서는 나딩스와 길리간의 입장이 일치하고 있다. 길리간도 배려의 도덕성을 남녀 모두에게 필요한 보편적인 도덕성으로 보고자 했다. 이들의 주장처럼 배려의 윤리가 여성의 경험으로부터 생성되었다고 해서 이것을 여성에게만 국한시킬 필요는 없다. 왜냐하면 배려 윤리가 여성에게만 국한될 때 오히려 여성에게 순종과 희생, 모성적인 배려만을 강요하게 되어 여성 억압의 수단으로 악용될 수 있기 때문이다. 따라서 배려는 여성만을 위한 것이 아니라 모든 인간을 위한 중요한 가치가 되어야만 한다.

나딩스에 따르면 배려 윤리 또는 여성 윤리는 그 동안 남성에 의해서 소중히 여겨지고 높이 평가받아 온 가치나 덕목 그리고 특성들을 무시하고 배제하기 위해서 요구된 것이 아니라, 이러한 것들을 여성의

---

4) N. Noddings, "Educating for Moral People," Mary M. Brabeck(ed.), *Who Cares? Theory, Research, and Educational Implications of the Ethics of Care*(New York: Praeger, 1989), p. 221.

관점에서 새롭게 분석함으로써 남성과 여성 모두가 기존의 고정적인
성 역할의 부담이나 기대, 그리고 그에 수반됐던 폭력이나 억압으로부
터 벗어나게 해주기 위해서 필요하다고 한다.5) 나딩스가 이러한 입장
들을 통해서 배려 윤리의 필요성을 제기했던 궁극적인 목적은 도덕성
에 대한 남성과 여성의 관점을 배려 윤리와 전통 윤리의 관점에서 함
께 고찰하고, 이를 통해서 두 도덕성을 변증법적으로 통합함으로써 홀
륭한 사람 · 도덕적인 사람에 대한 비전을 명확히 해 두는 데 있었다.6)

(2) 서양 전통 윤리학 비판

배려 윤리의 윤리학적 특징은 기존의 남성 중심적인 서양의 전통
윤리학이 지니고 있는 문제점들에 대한 배려 윤리학자들의 비판 안에
잘 드러나고 있다.7)

첫째, 배려 윤리학자들은 전통 윤리학이 여성을 도덕적 행위자로서
인정하지 않았다는 점을 문제 삼는다. 전통 윤리학에서는 여성을 도덕
적 논쟁에서 배제하고, 여성의 도덕적 공헌을 무시했을 뿐만 아니라
여성의 도덕적 추론 능력이 남성보다 부족하다고 보았고, 이러한 여성
관에 근거해서 여성은 도덕 행위자가 될 수 없다고 보았다. 이러한 전

---

5) Ibid., pp. 222-223.
6) Ibid., p. 223.
7) 여기서 언급되고 있는 전통 윤리학은 우리가 일상적으로 사용하는 유교 윤리나
   불교 윤리와 같은 동양적인 전통 윤리학이 아니라 배려 윤리학 이전의 서양 윤
   리학을 지칭한다.

통 윤리학자들의 여성에 대한 잘못된 인식을 알 수 있게 해주는 사례
들을 살펴보면 다음과 같다.

남성과 여성간에 있어서 남성은 본성상 우월하고 지배자가 되며, 여성은
열등하고 피지배자가 된다. 원래 남성은 여성보다 지도와 관리에 적합하
다. 여성이 이러한 분야에 재능이 있는 것은 아마도 자연에 반하는 일일
것이다.[8]

여성은 유모나 아이들을 가르치는 활동 등에 적합하다. 왜냐하면 여성
자신이 스스로 유치하고, 천박하고, 근시안적이기 때문이다. 즉 여성들은
평생 동안 큰 아이일 뿐이다.[9]

여성들도 물론 교육을 받을 수는 있지만, 여성은 보편적인 것을 요구하
는 고차원적인 학문, 즉 철학과 예술의 창조에 대해서는 적합하지 않다.

---

8) Aristoteles, *Politcs,* J. Grimshaw, *Philosophy and Feminist Thinking*(Minneapolis: University of Minnesota Press, 1986), p. 37에서 재인용.

9) Schopenhauer, *On Women*; Grimshaw, Ibid., p. 37에서 재인용; 베티 프리단(Betty Friedan)은 『여성의 신비』라는 책에서 청춘 혈청(youth serum)이라고 하는 임파액에 빗대어 여성다움에 대한 문화적 규정을 비판하였다. 그녀에 따르면 이 혈청은 애벌레에게 주입하면 성충으로 자라지 못하고 유충으로 일생을 마치게 되는 효과를 지닌 물질이라고 한다. 여성이 충분히 자아 실현의 잠재 능력을 갖추었음에도 불구하고, 사회는 가정과 학교에서의 교육은 물론, TV나 신문 등의 대중 매체와 같은 사회화 기제를 통하여 문화적인 청춘 혈청을 주입함으로써 대부분의 여성들로 하여금 유충 상태, 즉 큰 아이 상태로 머물러 있게 하여 성숙한 인간으로 발전할 수 있는 길을 막아 버리고 있다는 것이다. 이온죽, 「성숙한 인간, 성숙한 사회」, 『여성과 사회 6』, 서울대학교 여성과 사회반, 1991, p. 6 참조

… 남성과 여성의 차이점은 동물과 식물의 차이점과 같다. 동물은 남성의 특성에, 식물은 여성의 특성에 상응한다. 왜냐하면 식물은 동물보다 더 조용하게 자라고, 더 불확실하게 지각의 일치를 자신의 발전 원리로 삼기 때문이다. 여성이 지배의 정점을 차지하게 되면 국가는 위험에 처하게 될 것이다. 왜냐하면 여성은 보편성의 지침에 따라 행위하기보다는 우연적인 경향과 의견에 따라 행위하기 때문이다.10)

추상적이고 사변적인 진리의 탐구, 학문의 원리와 공리, 즉 개념의 일반화에 목표를 두고 있는 모든 것은 여성이 할 일이 아니다. 여성의 공부란 실천적인 것에 관련되어져야만 할 것이다. 여성의 일은 남성이 발견한 원리를 적용하는 것이다. 여자에게는 정밀 과학을 성공적으로 연구할 만큼의 충분한 정확성도 주의력도 부족하고, 물리학에 관한 지식도 많지 않다. 감각으로 파악하는 여러 존재의 관계나 여러 가지 자연 법칙을 규명하는 것은 많은 체력이 요구되는 남자의 일이다.11)

여자는 아름다운 것에 대해서만 본래적으로 강렬한 감정을 가지고 있기 때문에 깊게 생각할 필요조차 없다. 그런데 만약 여성들이 어리석게도 어렵고 힘든 공부나 사색을 하게 되면, 선천적으로 발달해 온 매력과 선함을 잃어버리게 된다. 게다가 대부분의 여성들은 도덕적 추론을 요구하는 수준의 사고를 할 수 없을 뿐만 아니라 그러한 사고를 해서도 안 된다. 왜냐하면 그것은 자기의 성별에 적합한 장점을 파괴하기 때문이다.12)

---

10) G. W. F. Hegel, *Grundlinien der Philosophie des Rechts*, p. 166, A Pieper, 진교훈, 류지한(역), 『현대윤리학입문』(서울: 철학과 현실사, 1999), p. 297에서 재인용.
11) 안인희, 『에밀: 루소의 교육론』(서울: 서원, 1990), p. 252.

둘째, 배려 윤리학자들은 자아를 독립적이고 자율적인 것으로 규정하는 전통 윤리학이 지나치게 개인주의적이라고 비판한다. 모자녀 관계를 중시했던 휘트벡(Caroline Whitebeck)은 윤리적 자아를 독립적이고 자율적인 자아로 가정하고 있는 전통 윤리학이 개인적인 고립과 사회적인 균열을 가져왔기 때문에 이러한 고립과 균열을 극복하기 위해서는 비대립적·비이원론적·비위계적인 존재론이 필요하다고 주장하였다.13) 즉 다른 사람을 통제하거나 제거해야만 하는 실체로 인식하면서 자아를 타자에 반대되는 것으로 정의하고 있는 전통 윤리학의 존재론과 반대되는 관계적 존재론이 필요하다는 것이다. 휘트백은 모자녀 관계에 기초한 관계적 존재론을 그 대안으로 제시하고 있다. 휘트벡뿐만 아니라 나딩스, 러딕, 헬드 등도 모자녀 관계에 근거한 관계적 존재론을 주장했다.14) 배려 윤리학은 독립적이고 자율적인 단절된 자아관을 주장했던 전통 윤리학과 달리 상호 연관적·의존적·관계적 자아관을 주장하였다.15)

---

12) Kant, "Of the Distinction Between the Beautiful and Sublime in the Interrelations of the Two Sexes," Mahowald(ed.), *Philosophy of Women* (Indianapolis: Haekett, 1978), p. 194,
13) Caroline Whitebeck, "A Different Reality: Feminist Ontology," A. Garry & M. Pearsall(eds.), *Women, Knowledge, and Reality: Explorations in Feminist Philosophy* (Boston: Unwin Hyman, 1989), p. 51.
14) N. Noddings(1984), op. cit.; *Women and Evil*(L. A.: University of California Press, 1989); Sara Ruddick, *Maternal Thinking: Toward a Politics of Peace*(Boston: Beacon Press. 1989).; V. Held, "Non Contractual Society: A Feminist Review," M. Hanen & K. Nielsen(eds), *Science, Morality and Feminist Theory*(Calgary: University of Calgary Press, 1987).
15) N. Noddings(1984), op. cit.; *Women and Evil*(L. A.: University of California Press, 1989).

셋째, 배려 윤리학은 전통 윤리학이 지니치게 추상성과 보편성만을 강조함으로써 도덕 판단이 요구되는 구체적 상황이나 행위자의 특수성을 등한시한다는 점에 대해서 비판하고 있다.16) 즉 전통 윤리학자들은 추상화를 통해서 자신의 판단이나 행위의 결과로부터 자기 자신을 분리시킬 뿐만 아니라 도덕적 경험에 정언명법이나 공리의 원칙을 추상적으로 적용시킴으로써 개개인이 처한 구체적 상황이나 조건들을 고려할 수 없는 한계를 지닌다는 것이다.17) 보편성은 의무론뿐만 아니라 공리주의에서도 역할을 하지만 그 역할은 특별히 칸트 윤리학에서 두드러진다. 칸트에 따르면, 도덕적인 행동이 되기 위해서는 반드시 보편화 가능해야만 한다. "네가 동시에 이것이 보편적인 법칙이 되어야만 한다고 의지할 수 있는 격률에 따라서 행위하라"는 정언명법에 따르면, 도덕적으로 가치 있는 행동을 하기 위해서는 옳은 일을 하는 것만으로는 충분치 않다. 오히려, 올바른 이유를 위해서 올바른 일을 해야만 한다.

배려 윤리학자들은 도덕 법칙에 대한 존중에서 나온 의무 그 자체를 위한 행동만을 도덕적으로 가치 있다고 보는 위와 같은 칸트 윤리학의 입장을 비판한다. 규칙이나 의무만을 강조하는 전통 윤리학에서 도덕적으로 행위한다는 것은 일반적인 규칙 또는 원리를 한 상황에 적용하거나 그 규칙에 따라서 행위하는 것을 의미하기 때문에 도덕적 임무는 구체적인 상황을 추상화해서 특정 규칙이나 원리에 적용하는 것이다. 여기서 문제가 되는 것은 규칙이나 원리들이 갈등할 때, 어떻게 해결하느냐이다.

---

16) Jean Grimshaw, op. cit., p. 204.
17) Tong(1993), op. cit., p. 64.

　나딩스는, 가상적인 도덕적 상황에 직면해서도 실제적인 상황에 더 근접할 수 있도록 하기 위해서 더 많은 정보를 요구하고 규칙이나 원리를 위계적으로 적용하지 않는 여성의 도덕적 추론에서는, 이러한 도덕적 입장은 부적절하다고 지적한다.[18] 그녀는 또한 더 구체적이고 더 자세한 상황을 알면 알수록 우리는 일반적인 규칙이나 원리를 적게 사용하게 될 것이며, 인간의 상황은 서로 너무 달라서 보편성의 원리를 적용할 수 없다고 주장한다. 나딩스는 이러한 도덕 원리는 항상 그 자체에 예외를 함축하고 있고 이러한 예외를 이용하여 자신을 정당화할 위험성을 내포하고 있다고 지적한다. 나딩스가 제시한 대로 폭력과 육체적 고통을 주는 일들이 도덕 원리라는 이름으로 행해져 왔다는 사실은 역사적 사건 속에서 쉽게 찾아볼 수 있다.

　넷째, 배려 윤리학자들은 전통 윤리학이 공평성만을 강조한다고 비판하고 있다. 전통 윤리학자들은 모든 사람을 항상 공평하게 대우할 것을 요구하는데, 이러한 요구는 근접성이나 친밀성을 고려하지 않고 있으며, 도덕적 책임감을 지구상의 모든 구성원에게까지 확대할 것을 요구하고 있다.[19] 하지만 배려 윤리학자들은 공정성이나 초연함도 중요하지만 가까운 사람과 낯선 사람은 분명히 차이가 있기 때문에 이들에 대한 대우는 당연히 구별되어야 한다고 반박한다. 실제로 가까운 사람과 낯선 사람을 똑같이 대할 수는 없다. 자기 자식들의 고통에 반응한 것과 똑같이 멀리 떨어져 있는 낯선 사람의 고통에 대해서 반응한다는 것은 불가능하기 때문이다.[20] 배려 윤리학에서는 전통 윤리학

---

18) Noddings(1984), op. cit., p. 2.
19) Tong(1993), op. cit., p. 68.
20) Noddings(1984), op. cit., p. 47.

에서 강조했던 공평성을 거부한 대신 상황의 특수성과 개별적 특수성
을 고려한 규칙의 적용을 주장하고 있다.

다섯째, 배려 윤리는 전통 윤리학이 여성적인 가치를 무시하고 경시
해 왔다는 점을 비판한다. 서양의 도덕 이론은 경험적·규범적·상징
적으로 남성과 연관된 남성적인 가치만을 구현하고 있다는 것이다. 예
를 들어 전통 윤리학에서는 독립성, 자율성, 지성, 의지, 신중함, 위계,
지배, 문화, 초월, 생산, 금욕주의, 전쟁, 죽음과 같은 남성적인 또는 남
성과 연관된 것으로 여겨지는 가치들을 상호 의존, 공동체, 연결, 공유,
감성, 육체, 신뢰, 위계 없는 것, 본성, 내재성, 과정, 기쁨, 평화와 삶과
같은 여성적인 것들로 여겨지는 가치들보다 더 선호한다는 것이다.21)
배려 윤리에서는 남성적인 가치들을 우선시하는 전통 윤리학과 달리
여성적 가치와 남성적 가치들이 동등한 가치를 지니고 있다는 점과 이
들에 대한 동등한 평가를 강하게 주장한다.

여섯째, 배려 윤리는, 이성과 감정을 분리하여 이성만을 중시하고
감정을 무시했던 전통 윤리학과 달리, 이성과 마찬가지로 감정도 중요
하다고 보고 있다. 전통적으로 이성은 보편적인 것, 추상적인 것, 정신
적인 것, 공평한 것, 공적인 것, 남성적인 것과 연관되어 왔던 반면, 감
정은 특별한 것, 구체적인 것, 육체적인 것, 편파적인 것, 사적인 것,
여성적인 것과 연관되어 왔다. 전통 윤리학은 이러한 구분에 근거해서
이성은 객관적이고 발달시켜야 하는 것으로, 감정은 주관적이고 극복
해야 하는 것으로 간주해 왔던 것이다.22) 또한 감정에 대한 경시는 동

---

21) A. Jaggar, "Feminist Ethics," Becker L. & C. Becker(eds.), *Encyclopedia of Ethics*
(N.Y.: Garland Press, 1992), p. 364.
22) R. Tong, op. cit., p. 70.

시에 여성에 대한 부정적인 평가를 낳게 됨으로써 여성에 대한 경시로 이어졌다.

감정을 경시하고 이성만을 강조했던 전통 윤리학에 대해서 반기를 들었던 대표적인 사람으로 블룸(Lawrence A. Blum)을 들 수 있다. 블룸은 이성만을 도덕성의 필요 조건으로 보고 있는 전통 윤리학의 입장과는 반대로, 감정이 우리의 도덕 발달에서 중요한 역할을 한다고 주장하였다.23) 그는 감정과 정서를 이성과 합리성으로부터 완전히 분리하고, 감정과 정서, 그리고 이타적 감정까지도 도덕성으로 보지 않았던 칸트를 비판하면서, 전통 윤리학이 감정을 이성의 적으로 간주한다는 사실을 비판했다.24)

칸트와 달리 블룸은 감정이 도덕성에서 중요한 역할을 하며, 특히 이타적 감정은 도덕성을 훼손하기는커녕 오히려 도덕성을 강화시켜 준다고 보았다. 실제로 블룸은 동정심, 연민, 인간에 대한 관심, 우정과 같은 이타적 감정들은 도덕성의 필수적인 요소라고 주장하였다. 이처럼 배려 윤리에서는 전통 윤리학과는 반대로 감정이나 정서를 이성과 함께 도덕성의 요소로 인식하고, 감정과 정서의 역할을 강조하였다.

(3) 관계 윤리로서의 배려 윤리

나딩스는 배려 윤리의 토대가 되고 있는 관계에 대해서 '서로를 정

---

23) Ibid., pp. 72-77.
24) Lawrence A Blum, *Friendship, Altruism, and Morality*(London: Routledge & Kegan Paul, 1980), p. 2.

서적으로 인식하는 개인들의 연결 또는 결합' 또는 '관계를 맺고 있는
사람들이 서로에 대해서 무엇인가를 느끼는 일련의 만남'으로 정의하
고 논의를 시작한다.[25] 이러한 관계 안에서는 사랑, 미움, 분노, 슬픔,
존경 또는 질투의 감정 등을 서로 가질 수 있다. 또는 관계들은 사랑과
증오 같은 혼합된 감정을 드러낼 수도 있다. 즉 한쪽에서는 사랑을 느
끼는 데 반하여 다른 상대방은 혐오감을 느낄 수도 있다는 것이다.

나딩스는 여러 유형의 관계들 가운데서도 특히 배려 관계에 대부분
의 관심을 쏟고 있다. 여기서 배려의 관계란 배려하는 사람과 배려를
받는 사람간에 맺어진 관계를 의미한다. 나딩스는 이러한 배려의 관계
의 원형으로서 어머니와 자식간의 배려의 관계, 곧 모자녀간의 배려
관계를 들고 있다. 나딩스에 따르면 배려는 배려의 관계 안에서 이루
어지고 완성된다. 배려는 또한 배려를 받는 사람의 응답을 통해서 완
성된다. 윤리적 정향으로서의 배려 및 배려의 관계는 남자보다는 여자
의 경험에서 더 자연스럽게 나오기 때문에 여성적인 특성을 지닌 것으
로 일반적으로 인식되어 왔다. 나딩스에 따르면 이러한 배려의 관계에
기초한 윤리적 정향이 숙고되고 정교화될 때, 우리는 이것을 관계 윤
리학 또는 배려 윤리학으로 불러야 한다.

배려의 관계에 기초한 배려 윤리학은, 인간은 관계 안에서 정의된다
는 관계 존재론(relational ontology)에 그 기초를 두고 있다. 이러한 관
계 존재론에 기초한 배려 윤리에서 '나'란 끊임없이 관계 안으로 들어
가려는 한 개인으로서의 내가 아니라 하나의 관계 자체로서의 '나'이

---

25) N. Noddings, "An Ethic of Caring and Its Implification for Instructional
Arrangements," Stone L.(ed), *The Education Feminism Reader*(N. Y.: Routledge,
1994), p. 173.

며 이러한 '나'는 내 육체적 자아가 놓여 있는 관계들에 의해서 실제로 정의된다.[26]

배려의 관계를 이상으로 하는 관계 윤리는 여성이 남성보다 이러한 도덕적 정향을 더 자주 채택한다는 측면에서 여성적 특징을 갖는다. 실제로 여성들은 수세기 동안 배려를 자신들의 삶에서 중심적인 문제로 간주해 왔고, 배려의 관계 속에서 누구의 엄마, 누구의 아내, 누구의 딸로서 정의되어 왔다. 이러한 관계적 관점, 곧 관계의 윤리들은 여성적인 특징을 반영하기 때문에 오랫동안 남성 중심의 윤리에 의해 무시되고 배제되어 왔다고 할 수 있다. 따라서 여성적인 관점을 반영하는 관계 윤리가 요청된다.

전통적인 개인주의 윤리학과는 달리 관계 윤리에서 윤리적 행위자는 자신의 행위를 전통적인 규범 윤리와 달리 규칙 또는 원리와의 일치 여부나 행위가 산출한 결과의 유용성에 의해서가 아니라 관계를 통해서 행위를 판단한다. 곧 관계를 맺고 있는 다른 사람의 반응이 행위의 도덕성을 판단하는 중요한 기준이 되고 있다. 이처럼 관계 윤리에서는 행위의 도덕성을 전통적 윤리학에서의 보편화 가능성의 원리가 아니라 타인에 대한 진정한 감응과 우리가 놓여 있는 관계를 통해서 검증한다.

나딩스의 관계 윤리는 전통적 원리 중심의 윤리학에서 강조했던 도덕적 의무를 중시하지 않는다. 칸트가 도덕 원리에 일치하려는 의무감에서 나온 행위만을 도덕적 행위로 보았던 데 반하여 관계 윤리에서는 사랑과 자연적 성향에서 나온 행위를 도덕적 행위로 보고 있다. 관계

---

26) N. Noddings, *Women and Evil*(LA: University of California Press, 1989), p. 236.

윤리는 자연적 배려에 근거하고 이에 의존해서 행위를 판단한다. 칸트가 감정을 멀리하고 의무감에서 행위하라고 규정한 것과는 달리 관계 윤리에서는 자연적 배려를 자극하기 위한 의무감을 요구한다.

관계 윤리는 그 관계의 근거가 되는 감정을 고뇌가 아니라 기쁨으로 보고 있다는 특징을 갖는다. 가장 자유로운 의식을 가지고 시작하는 외롭고 공허한 철학자들은 고뇌를 인간의 기본적인 감정으로 간주한 데 반하여 관계에 기초한 배려 윤리에서는 기쁨을 인간의 기본적인 감정으로 간주하고 있다. 곧 배려 윤리의 기초를 형성하는 관계성에 대한 인식 및 기대와 함께 우리가 배려를 실현할 때 느끼는 기쁨이 배려를 유지하게 해주고 배려에 헌신하게 해준다는 것이다.

관계 윤리의 또 다른 특징은 배려를 하나의 개인적인 덕목이 아니라 관계 상태 또는 관계의 질(quality)로 규정하고 있다는 점이다.[27] 나딩스는 관계적인 덕을 관계 자체에 속하는 덕과 관계를 강화시켜 주는 개별적인 덕 두 가지로 구분한다. 배려, 우정, 동료 의식 등은 관계 자체의 덕이며, 정직, 성실 같은 덕목들은 관계를 강화시켜 주는 개별적인 덕에 해당된다는 것이다. 그러나 나딩스의 관계 윤리적 관점에서는, 모든 덕들은 개별적으로 독자적인 의미를 갖지 못하고 관계 안에서만 그 의미를 갖는다. 따라서 덕들은 반드시 배려의 상황 안에서 조명되고 평가되어야 한다. 따라서 학교에서의 교육은 인격 교육이나 덕 교육에서처럼 단순하게 개별적인 덕들만을 독립적으로 가르쳐서는 안 되고, 관계 안에서, 관계를 유지시키고 강화시켜 줄 수 있도록 가르쳐야 한다는 것이다.

---

27) Ibid., p. 236.

이러한 특징들을 지니고 있는 배려 윤리를 윤리학적인 관점에서 접근한 가장 대표적인 사람이 나딩스이다. 따라서 배려 윤리의 기본 개념과 이론적인 구조들을 분석하기 위해서 나딩스의 이론을 중심으로 하여 배려 윤리를 윤리학적인 관점에서 접근할 필요가 있다.

2. 배려하는 사람과 배려 받는 사람

나딩스는 배려의 의미를 배려하는 사람과 배려 받는 사람간의 관계가 지니는 특성들을 통해서 명확하게 제시해 주고 있다. 나딩스는 배려를 배려하는 사람과 배려 받는 사람의 관계로 이루어지는 이원적인 것으로 설명한다. 따라서 배려 관계의 주체는 배려하는 사람과 배려 받는 사람 모두이며, 배려 받는 사람이 배려를 인지하고, 이에 대해서 응답할 때 배려는 완성된다고 할 수 있다.

(1) 배려하는 사람

배려하는 사람의 의식 상태는 전념(engrossment)과 동기 전환(motivational displacement)을 통해서 설명할 수 있다. 먼저 전념이란 다른 사람의 실체를 이해한다는 개념으로서 자신을 멀리하고, 다른 사람의 경험 안으로 들어가는 것을 말한다. 말하자면 내가 배려해 주고자 하는 사람의 관심, 이해, 필요를 수용할 수 있는 여지를 마련하기 위하여

나 자신의 특별한 가치들이나 관심들을 한동안 배제하는 것이다. 예를 들어 어린 아이가 신발을 신기 위해서 고생하고 있는 모습을 보고 직접 가서 어린 아이의 신발에 손을 넣어 줌으로써 신발을 신을 수 있도록 도와주는 것을 말한다. 이는 다른 사람과 입장을 바꿔서 생각하는 것이 아니라 다른 사람을 내 안으로 수용하여 함께 느끼는 것을 말한다.

전념이란 이처럼 배려하는 사람이 배려 받는 사람을 받아들이고 세상을 본다는 의미, 즉 배려하는 사람 자신의 눈과 배려 받는 사람의 눈으로 배려 받는 사람을 수용한다는 것을 의미한다. 나딩스에 의하면, 자신이 배려하는 사람의 삶과 환경들에 대해서 깊은 관심을 가지거나 전념하게 되면 동기가 자기 자신으로부터 배려해 주고 싶은 사람에게로 옮겨가는 변화가 일어나게 된다고 한다. 나딩스는 이러한 움직임을 동기 전환이라고 불렀다. 나아가 동기 전환을 더 일반적인 전념의 과정을 구성해 주는 태도나 능력들의 한 부분으로 보았다.

동기 전환이란 자신의 동기 에너지가 다른 사람을 향해서 분출되는 것을 말한다. 곧 다른 사람이 전달하고자 하는 것을 수용하고, 그의 목적 또는 계획을 촉진할 수 있는 방식으로 반응하고 싶어하는 마음을 말한다. 나의 동기 에너지가 다른 사람에게로 전달되면, 나는 나의 동기 에너지를 공유하게 된다. 바로 나의 에너지를 다른 사람을 위해서 사용할 수 있게 된다.[28] 이러한 동기 전환은 자연적으로 이루어지거나 도덕적으로 유도된다.

그러나 배려하는 사람이 모든 사람에게 이러한 전념과 동기 전환을

---

28) N. Noddings(1984), op. cit., p. 33.

느끼는 것은 아니다. 나딩스에 따르면 실제로 배려의 대상 중에는 내가 자연적으로 배려해 줄 수 없는 사람이 있을 뿐만 아니라 전념이 아니라 반감을 가져오고 동기 전환을 생각할 수 없는 상황도 있다. 또한 거기에는 나의 배려가 미칠 수 없는 많은 사람들도 있다. 나딩스는 배려하는 사람이 모든 사람을 보살필 수 있다는 보편적인 배려의 개념을 거부할 뿐만 아니라 우리가 모든 사람을 배려해 줄 수는 없다고 주장함으로써, 배려의 의무에 한계를 부여하고 있다.[29]

(2) 배려 받는 사람

배려의 관계에서 배려하는 사람의 역할뿐만 아니라 배려 받는 사람의 역할도 배려의 완성을 위해서 필수적이다. 배려 받는 사람의 역할로는 수용, 인지, 감응 등을 들 수 있다.[30] 배려 받는 사람은 배려를 수용하고, 배려를 수용하였음을 보여주어야 하고, 이때 배려하는 사람이 전념을 통해서 이러한 것을 인지하면 배려는 완성된다는 것이다.

그러나 나딩스는 배려를 일방적인 것이 아니라 쌍방향적인 것으로 보고 그 상호성을 중요시하면서도 배려하는 사람과 배려 받는 사람간의 관계를 평등한 관계로 보지 않고 배려의 불평등성을 인정하고 있다.[31] 부모와 자식, 교사와 학생간의 배려에서 자식과 학생은 부모와 교사와 대등한 입장이 아니며, 이들이 배려하는 사람이 될 필요는 없

---

29) Ibid., p. 86.
30) Ibid., pp. 59-78.
31) Ibid., p. 70.

다고 분명하게 밝히고 있다. 왜냐하면 배려 받는 사람이 오랫동안 배려를 받아온 경험을 통해서 배려에 대해 자연적으로 반응할 수 있을 경우에는 배려 받는 사람이 될 수 있지만, 배려 받는 사람이 부담감이나 의무감 때문에 배려 받는 사람의 위치가 아니라 오히려 배려하는 사람의 입장에서 배려에 응답하는 것은 관계를 왜곡시키는 속임수일 뿐 진실된 응답이 아니기 때문이다.

배려 받는 사람의 윤리적 자세는 자발적인 인식과 반응이라고 할 수 있다.[32] 나딩스는 이러한 점에서 배려 받는 사람이 할 수 있는 최상의 일로서 배려를 인식하고, 배려에 반응함으로써 배려하는 사람의 동기 전환을 불러일으켜 주는 일을 들고 있다. 배려 받는 사람의 최소한의 의무는 배려를 인지하고 배려를 수용하고 있다는 반응을 어떤 형태로든지 배려하는 사람이 인식할 수 있도록 보여 주는 일이다. 그렇지 못할 때 배려하는 사람은 더 이상 보살필 수 없게 되고 배려의 관계도 상실된다. 그러므로 배려에 대해서 배려 받는 사람이 응답함으로써 배려는 완성되고 지속될 수 있다.

(3) 배려의 범위와 의무

나딩스는 특히 배려가 다른 사람 안에서 완성될 가능성이 없을 경우에 내가 반드시 배려해 주어야 한다는 의무를 느낄 필요가 없다고 주장한다. 그 예로 멀리 떨어져 있는 아프리카에서 굶어 죽어 가는 소

---

32) Ibid., pp. 72-73.

년에 대한 배려를 들고 있다. 이 경우 우리는 이 소년을 보살필 필요가
없다는 것이다. 왜냐하면 배려가 다른 사람 안에서 완성될 방법이 없
기 때문이다. 나딩스는 실제로 멀리 떨어져 있는 사람을 배려하는 데
는 크게 두 가지 어려움이 있다고 보고 있다.[33]

첫째, 신체적으로 멀리 떨어져 있는 경우에는 배려하는 사람이 배려
받는 사람의 응답을 기대하기 어렵기 때문에 배려가 완성되기 어렵다.
그러나 나딩스는 이러한 배려의 한계에 대한 입장으로 인해서 많은 사
람들로부터 배려를 너무 편협하게 친밀한 사람들에게만 국한시키고
있다는 비판을 받아야 했다.

둘째, 우리가 관계를 형성하지 않은 채 갑자기 배려하려고 할 때, 우
리는 반드시 추상적인 또는 둔한 지식의 형태에 의존해야만 한다는 것
이다. 그러므로 우리는 종종 우리의 배려 받는 사람들을 개별 인간으
로 대우할 수 없게 된다. 우리는 또한 배려 받는 사람들이 우리가 원하
는 것과 정확히 똑같은 것을 원한다고 잘못 생각하기 쉽다.

나딩스의 입장에서는 배려의 의무를 배려의 완성 가능성에서 찾고
있기 때문에 동식물을 배려해야 할 의무가 없다. 왜냐하면 동물과 식
물은 인간이 행한 배려에 대해서 응답할 수 없으므로 그 배려는 완성
될 수 없기 때문이다.[34] 나딩스는 배려하는 사람의 의무를 배려가 완
성될 수 있는 지리적·정서적으로 가까운 사람에게 한정시키고 있을

---

33) N. Noddings, *The Challenge To Care in Schools: An Alternative Approach to
    Education*(N.Y.: Teachers College Press, 1992), pp. 114-115.
34) Noddings(1984), op. cit., pp. 148-170.

138 배려 윤리와 도덕 교육

뿐만 아니라 동식물에 대한 배려의 의무를 부정했다. 또한 나딩스는
배려의 보편성을 부정하고 배려의 의무를 한정된 사람에게만 제한시
키고 있다는 점 때문에 다른 여성주의 윤리학자들로부터 많은 비판을
받았다.

그러나 나딩스는 배려의 원(circle)과 배려의 사슬(chain)이라는 개념
을 사용해서 배려가 더 많은 사람들에게로까지 확대될 수 있다고 주장
하고 있다.[35] 나딩스에 따르면 배려하는 사람으로서 나는 동심원의 중
심에 있다. 그리고 동심원의 중심에서 가까이 위치한 원 안에 있을수
록 친밀함과 배려의 정도가 높다. 바로 이 원들이 중심에서 얼마나 떨
어져 있느냐가 우리가 배려하는 다양한 사람들에 대해서 느끼는 친밀
함의 수준을 나타낸다는 것이다.

예를 들면, 우리가 가장 많이 배려하는 사람은 중심에서 가장 가까
운 원 안에 있고 적게 배려하는 사람은 중심에서 멀리 떨어진 원 안에
있다. 이러한 모든 원들은 단순히 염려한다고 말할 수 있는 사람이 아
니라 사실상 우리가 배려한다고 말할 수 있는 사람들을 나타낸다. 이
것이 나타내는 것은, 우리가 우연히 배려하는 사람들 가운데서도 정도
의 차이가 있다는 것을 나타낸다.

또한 거기에는 원들을 넘어서서 내가 전혀 만나보지도 못했고 배려
해 주지 않았던 다른 사람들이 있다. 이들과는 개인적이거나 형식적인
관계, 즉 사슬을 통해서 나와 연결된다. 원래 알지 못했던 사람들을 이
미 원 안에 위치해 있는 사람과 연결지음으로써 그리고 일부는 잠재적
인 배려의 원들을 형성함으로써 배려의 사슬을 통해서 나는 그들과 연

---

35) Ibid., p.46.

결된다. 즉 우리가 처음에 배려해 주었던 사람은 필연적으로 처음에 우리가 배려하지 못했던 다른 사람을 배려함으로써 우리는 이 사람과 배려의 사슬을 통해서 연결된다는 것이다. 그래서 우리는 처음에 우리가 배려했던 사람과 동일한 방식은 아니라 할지라도 그 사람이 배려해 준 사람을 우리가 배려할 수 있게 된다는 것이다. 이러한 배려의 사슬을 통해서 우리는 우리와 멀리 떨어져 있고 친밀하지 않은 사람도 배려할 수 있게 되기 때문에, 나딩스는 배려의 원과 사슬을 통해서 배려의 대상이 확대될 수 있다고 주장하였던 것이다.

3. 자연적 배려와 윤리적 배려

나딩스는 도덕성이 감정에 뿌리를 두고 있다는 흄(David Hume)의 입장에 기초해서 배려는 하나가 아닌 두 개의 감정, 곧 자연적 배려의 감정과 윤리적 배려의 감정으로 구성된다고 보았다.[36] 두 감정 중에서 더 근원적인 것은 자연적 배려의 감정이며 윤리적 감정은 자연적 배려의 감정에 기초해서 나오게 된다.

자연적 배려란 다른 사람을 배려하고자 하는 자연스러운 감정에 의거해서 배려하는 경우로서 단지 자연스럽게 배려할 뿐 어떠한 윤리적인 노력도 필요로 하지 않는 경우이다. 이러한 자연적인 배려는 의무감에 의해서가 아니라 다른 사람을 배려하고자 하는 자연적인 성향으

---

36) Ibid., pp. 79-80.

로부터 동기화된 것이다.

나딩스는 모성적인 배려의 행위를 바로 이러한 자연적 배려의 전형으로 제시하고 있다.[37] 나딩스는 이러한 배려의 실례로서 잠을 자고 있던 어머니가 새벽에 갓난아이의 울음소리를 듣고 아이를 배려해야만 한다는 의무감과 함께 그 아이를 배려해 주고 싶다는 마음이 일어나는 경우를 들고 있다. 이 경우에 내가 아이를 배려해야 한다는 의무감은 강제적인 명령이 아니라 내가 원하는 것에 자동적으로 수반된다는 것이다. 이것은 강제로 의자에 묶인 사람이 구속에서 벗어나야 한다고 느끼는 것이 도덕적 혹은 윤리적 당위가 아니라 소망에서 나온 당위인 것과 마찬가지라는 것이다.[38] 이처럼 원하는 것과 당위가 항상 일치하는 경우에는 아무런 윤리적 노력을 하지 않고도 자연스럽게 배려를 실행할 수 있게 된다.

그러나 자연적 배려의 충동과 내가 반드시 배려해야 한다는 감정이 항상 일치하는 것은 아니다. 자연적으로 배려하고 싶지 않는 사람도 있는데, 전념 대신 혐오를 가져오고 동기 전환이 일어나지 않는 상황이 바로 그러한 경우이다. 내가 반드시 배려해야만 한다는 감정과 내가 소망하는 것이 일치하지 않는 경우, 배려가 이루어지기 위해서는 윤리적 배려의 감정이 요구된다는 것이다. 다시 말하면 자연적 배려의 충동과 반드시 배려해야만 한다는 감정이 갈등할 때 요구되는 것이 윤리적 감정이라는 것이다.

윤리적 배려는 자연적 배려와 달리 다른 사람에 대해서 느끼는 의무감에 대한 응답에서 나온다.[39] 이러한 윤리적 배려는 배려해 주고

---

37) Noddings(1989), op. cit., p. 185.
38) N. Noddings(1984), op. cit., p. 82.

싶은 욕구가 자연스럽게 일어나지 않는 경우에 배려하는 것이 더 좋다
는 것을 의식적으로 깨닫게 될 때 자연적 배려의 감정으로부터 생겨난
다.

　나딩스는 윤리적 배려의 감정은 우리가 다른 사람을 배려해 주고
다른 사람에게 배려를 받았던 최상의 기억들에 의해서 유지되고 촉진
되며, 이러한 최상의 배려의 기억은 바로 어머니로부터 배려를 받고,
자신이 어머니를 배려해 주었던 경험이라고 주장한다.[40] 곧 윤리적 배
려의 감정은 우리가 배려해 주었던 경험과 배려를 받았던 경험을 숙고
하고 배려의 태도를 가지고 다른 사람에게 감응하기 위해서 전념할 때
발달된다는 것이다.

　나딩스는 자연적 배려와 윤리적 배려간의 관계를 언급하면서 윤리
적 배려가 자연적 배려보다 우월하지 않다는 것을 다음과 같이 기술하
고 있다.

　자연적 배려에서는 필요가 없었던 노력을 윤리적 배려에서 요구하고 있
다고 해서 윤리적 배려를 자연적 배려보다 더 고양시켜야 할 필요는 없
다. 칸트는 윤리적인 것을 사랑이 아니라 의무감에서 나온 것과 동일시
했다. 이러한 구별 자체는 옳은 것 같다. 그러나 윤리적 배려에 기초한
윤리는 배려의 태도를 유지하기 위해서 노력해야 하기 때문에 자연적 배
려에 의존하고, 따라서 자연적 배려보다 우월하지 않다.[41]

---

39) Ibid., p.81.
40) Noddings(1989), op. cit., p. 185.
41) N. Noddings(1984), op. cit., p. 80.

최근의 논문에서 나딩스는 한 걸음 더 나아가서 자연적 배려가 윤리적 배려보다 더 우월하다고 보고 있다.

관계 윤리, 곧 배려 윤리는 자연적 배려에 근거를 두고 있고 자연적 배려에 의존한다. 감정을 멀리하고 의무감에서 항상 행동해야 한다는 칸트의 입장과는 반대로 배려의 관점에서 행위하는 사람은 의식적으로 자연적 배려를 유지하기 위해서 의무감에 호소한다. 그러므로 더 우월한 상태는 자연적 배려의 상태이다. 왜냐하면 자연적 배려의 상태는 배려하는 사람뿐만 아니라 배려를 받는 사람에게도 힘을 주는 관계로 훨씬 더 효과적이기 때문이다. 윤리적 배려는 자연적 배려에 예속된다. 자연적 배려는 윤리적 배려의 근원이자 최종 귀착점이기 때문에 모자녀 관계를 배려의 원형으로 사용하는 것이 더 합리적이다.42)

칸트는 오직 도덕 원리에 대한 의무와 존경에서 나온 행위만을 도덕적 행위로 보고 있기 때문에 사랑이나 이타심에서 나온 행위는 도덕적 가치를 지니지 못한다고 보았다. 따라서 칸트 윤리학의 입장에서 보면 자연적 감정이나 동기는 전혀 윤리적 가치를 갖지 못하고 윤리 규범, 법칙에 대한 의무에서 나온 행위만이 윤리적 가치를 갖게 된다. 이러한 점에서 볼 때 자연적 배려를 윤리적 배려보다 우월한 것으로 보고 있는 나딩스와 자연적 배려의 도덕적 가치를 부정하는 칸트의 입장은 상반된다고 할 수 있다.

윤리적 배려는 규칙 혹은 원리가 아니라 나딩스가 이상적 자아라고

---

42) N. Noddings, "An Ethic of Caring and its Implification for Instructional Arrangements," L. Stone(ed), op. cit., p. 174.

부르는 윤리적 자아의 발달에 의존한다. 자기 이익을 먼저 배려하고
싶은 상황에 직면해서 이러한 욕구를 극복하여 자연적 배려에서 윤리
적 배려로 승화시킬 수 있게 해주는 것이 바로 윤리적 이상과 윤리적
자아이다.

나딩스는 윤리적 자아(ethical self)란 나의 현실적 자아와 배려하는
사람이자 배려 받는 사람으로서의 나의 이상적 자아 사이에서 이루어
지는 실제적인 관계라고 보았다. 윤리적 자아는 나를 남들과 자연스럽
게 연결시켜 주고 다시 그 사람을 통해서 자기 자신과 연결시켜 주는
관계성을 근본적인 것으로 인식할 때 형성된다.43) 즉 내가 다른 사람
을 배려해 줌으로써 나도 그 사람으로부터 배려를 받을 수 있다는 것
이다. 결국, 윤리적 자아는 다른 사람을 배려해 주고 다른 사람으로부
터 배려를 받는 자아, 곧 배려하는 사람이자 배려 받는 사람으로서의
자아라고 정의할 수 있다.

윤리적 이상(ethical ideal)이란 배려하는 사람을 유지하고 강화하기
위해서 노력하는 최고의 자아상이라고 할 수 있다.44) 배려하는 사람으
로서 자신의 현실적 심상이라 할 수 있는 윤리적 이상에 의해서 우리
는 다른 사람을 도덕적으로 만나려고 노력한다. 나딩스의 관점에서 윤
리적 이상 그 자체는 실제 세계에서 획득해야만 하는 것이고 유한한
인간이 성취할 수 있는 것이어야만 한다. 윤리적 이상은 타인과의 실
제적인 관계 안에서 성취될 수 있어야만 하고, 추상화나 가상적인 문
제들의 해결을 통해서는 성취될 수 없는 것이다.45)

---

43) Noddings(1984), op. cit., p. 49.
44) Ibid., p. 80.
45) Ibid., p. 109.

나딩스는 일상적인 삶이 윤리적 이상을 유지시켜 준다고 보고 있다. 왜냐하면 배려하는 사람은 일상적인 삶 속에서 윤리성의 근원을 찾고, 일상적인 삶 속에서 우리는 우리가 배려하는 사람과 우리를 배려하는 사람을 만나기 때문이다. 그리고 일상적인 삶은 수용성을 증대시킬 뿐만 아니라 배려하는 기술을 실천할 수 있게 해주고, 또한 깊고 고요한 기쁨을 가져다주기 때문에 윤리적 이상을 고양시켜 준다.

나딩스는 윤리적 이상을 고양시킬 수 있는 최적의 장소로 학교를 꼽고 있다. 학교에서의 일상 생활 및 인간 관계 그리고 교과 활동 등을 통해서 학생들의 윤리적 이상을 고양시킬 수 있다는 것이다. 이러한 측면에서 나딩스는 모든 교육의 일차적인 목적을 윤리적 이상의 고양에 두고, 이를 위한 구체적인 교육 방법을 제시하고 있다.46)

4. 배려 윤리 교육론

(1) 도덕 교육의 목표

나딩스는, 모든 교육은 배려를 유지하고 강화시켜 줄 수 있는 도덕 교육에 목적을 두어야 한다고 주장한다. 왜냐하면 교육의 목적은 도덕적인 사람을 길러내는 데 있으며, 학문적 기능은 인격 발달을 위한 매개 역할을 하는 데 있기 때문이다.47) 나딩스는 도덕 교육을 가정이나

---

46) Ibid., p. 6.
47) Noddings(1994), op. cit., pp. 172-173 참조.

교회 또는 학교에서 배타적으로 실시되는 과업이 아니라 공동체 전체의 사업이라고 봄으로써 도덕 교육의 공동체적 특성을 강조하였다. 이러한 특성을 갖는 도덕 교육은 이중적인 의미를 지니고 있다.[48]

첫째, 도덕 교육은 교육을 계획하고 실행하는 사람들이 모든 관련자들을 도덕적으로 만나려고 하는 교육을 의미한다.

둘째, 도덕 교육은 교육을 받는 사람들의 윤리적 이상을 고양시켜서 그들이 계속해서 다른 사람을 도덕적으로 만날 수 있게 해주는 교육을 의미한다.

나딩스는 도덕 교육에 있어서 인지를 배제하면 활기를 잃어 병적인 감상에 빠지게 되고, 정의적인 요소를 배제하면 이기적으로 되거나 무감각한 합리주의에 빠지기 쉽다고 주장함으로써 인지와 정의를 배타적인 것이 아니라 상호 보완적인 것으로 인식하고 있다.[49] 나딩스는 배려하는 사람의 최고의 목표라 할 수 있는 자신과 자기가 만나는 사람 안에서 배려를 보존하고 강화시키는 것, 즉 윤리적 이상의 고양을 양육과 교육의 제1의 목표로 삼아야 한다는 것과 모든 교육 제도와 모든 교육적 노력의 일차적인 목적이 배려의 유지와 강화에 있다는 것을 강조하고 있다.

학교가 학생들의 지성을 발달시키기 위한 교육을 포기할 필요 없이 지적인 교육보다 배려의 유지와 강화를 더 우선시하면 되는데, 그 동안의 학교 교육은 이를 뒤바꿔서 교육해 왔다고 나딩스는 주장한다.

---

48) Noddings(1984), op. cit., p. 171.
49) Ibid., p. 171.

나딩스는 이러한 예로 한 어머니의 아동 양육의 사례를 들고 있다.

어머니의 중요한 역할은 아이가 건강하게 성장할 수 있도록 영양가 있는 음식을 적절하게 제공해 주고, 아이의 옷을 입혀 주고, 아이를 깨끗하게 씻어 주는 일이다. 그러나 만약 아이가 우유를 마실 때마다 우유를 엎질러서, 얼굴을 씻어 주어야 하고, 옷을 갈아 입혀야 한다는 이유로 아이에게 우유를 주지 않는다면, 어머니는 일의 우선 순위를 잘못 두고 있는 것이다.[50]

여기에서 알 수 있는 것처럼 나딩스는 지적인 교육이나 미적인 교육을 무조건 포기하라고 주장하지 않았다. 다만 지적인 교육으로 인해서 윤리적 이상이 위험에 빠지게 될 경우에만 이를 잠시 보류해야 한다고 주장했던 것이다.

(2) 도덕 교사의 역할과 도덕 교육의 방법

① 배려하는 사람으로서 교사의 역할

나딩스에 따르면 학생들의 윤리적 이상의 고양에 책임을 지고 있는 교사는 무엇보다도 먼저 배려하는 사람이 되어야 한다. 학교가 도덕적 기관이 되어야만 하는 것과 마찬가지로 교사도 배려하는 사람으로서

---

50) Ibid., p. 173.

학생들에게 응답해야 하기 때문이다. 나딩스에 의하면 배려하는 사람으로서 교사는 두 가지 과업을 수행해야 한다.51)

첫째, 교사는 지적인 성장과 함께 육체적·정신적 성장을 위한 교육을 실시해야 한다.

둘째, 학생들이 세상에 대처할 수 있는 능력을 갖출 수 있도록 그들과 함께 협동적으로 일해야 한다.

교사들은 자신들의 삶과 위대한 지적인 생각들에 대해서 학생들과 함께 이야기하고, 문제들을 학생들에게 단순하게 제시하기보다는 문제를 함께 논의하면서 공동으로 해결하고, 그러한 결과들에 대해서 점수로 평가하지 않고, 함께 그 성취의 기쁨을 누리면서 학생들과 진정으로 협동하고 함께 할 수 있어야 한다. 교사가 이러한 역할을 수행할 때, 학생들의 배려 능력을 발달시키고 윤리적 이상을 고양시킬 수 있게 될 것이다.

또한 교사들은 학생들과 배려의 인간 관계를 유지할 수 있어야 한다. 나딩스는 일상적으로 미국의 많은 초등학교 교사들은 학생들을 학과 성적에 따라서 대우하고 평가함으로써 도덕 교육과 학과 교육 모두를 등한시할 뿐만 아니라 교사와 학생간의 관계가 단절되고 있다고 지적한다. 곧 초등학교의 경우 많은 교사들이 지적인 측면뿐만 아니라 도덕적 측면에서도 학과 성적에 따라서 차별 대우하고 있으며, 모든 탁월성을 공부 잘하는 아이에게만 부여하고 있다는 것이다. 이처럼 학

---

51) Noddings(1989), op. cit., p. 192.

과 성적이 우수한 것과 도덕적인 성품을 융합시키려는 경향은 성적이 탁월한 학생들과 부진한 학생들의 도덕 교육 및 학문적 교육을 다 등한시하는 결과를 가져오기 때문에, 교사들은 이러한 오류를 범하지 않도록 궁극적인 교육의 목적을 실현할 수 있는 방향으로 도덕 교육을 실시해 나갈 것을 나딩스는 제안하고 있다.

나딩스에 따르면 배려하는 교사가 되기 위해서는 인간 관계에 대해서도 연구해야 한다. 이를 위해서는 먼저 학생과 교사, 학생과 학생간의 인간 관계를 단절시키고, 적대적인 경쟁 관계를 만들어 내는 구조들과 사건들에 대한 관찰과 분석을 위한 경험과 지식이 요구된다. 여기에 기초해서 교사들은 학생들로 하여금 적대적이고 경쟁적인 인간 관계가 낳은 단절성을 극복하고 배려의 관계로 나아갈 수 있도록 해주어야 한다. 따라서 교사들은 이러한 단절된 인간 관계를 배려의 관계로 발달시킬 수 있도록 끊임없는 연구와 노력을 해야 할 것이다.

② 도덕 교육의 방법

본보기

본보기(modeling)는 모든 유형의 도덕 교육에서 중요하지만 특히 배려를 위한 도덕 교육에서는 가장 핵심적인 방법이다.[52] 나딩스는 도덕적 추론 능력의 발달을 위한 교육을 통해서 학생들에게 원리나 그 원리를 문제에 적용하는 방법을 가르치는 것을 반대한다. 그 대신 교사는 학생과의 만남과 관계 안에서 행동을 통해서 배려를 실천함으로써

---

52) Noddings(1992), op. cit., p. 22.

배려의 의미와 어떻게 배려하는지를 가르쳐야 한다는 것이다.

나딩스에 따르면 배려의 능력은 자신들이 배려를 받았던 경험과 배려를 베풀었던 경험에 의존한다. 배려를 받고 있는 아주 어린 아이의 경우, 너무 어려서 배려하는 사람이 될 수는 없지만, 배려를 받고 있는 경험을 통해서 어떻게 응답해야 하는지를 배울 수 있다. 이러한 측면에서 보면, 배려하는 사람으로서의 역할이 본보기로서의 역할보다 더 중요하다고 할 수 있다. 그런데 교사는 배려하는 사람과 본보기의 역할을 동시에 수행해야 하기 때문에 교사는 학생들과의 모든 관계 안에서 언행을 통해서 배려하는 사람으로서 모범을 보여줌으로써 배려의 본보기이자 배려하는 사람으로서의 역할을 수행해야 한다.

대화

학생들의 윤리적 이상을 고양시키기 위한 도덕 교육에서 나딩스는 대화(dialogue)를 필수적인 요소로 본다. 왜냐하면 대화를 통해서 상호간의 이해와 신뢰를 형성하고, 의사를 교환할 수 있을 뿐만 아니라, 상호간의 배려를 지속할 수 있고, 배려하는 사람과 배려를 받는 사람이 함께 성찰할 수 있기 때문이다. 우리가 상대를 배려하기 위해서는 배려할 사람에 대해서 알고 그 사람을 이해할 수 있는 지식을 가지고 있어야 한다. 왜냐하면 우리가 배려해 주려는 사람이 무엇을 필요로 하고, 왜 그것을 필요로 하는지를 이해하고 알 수 있을 때 그 사람을 더 효과적으로 배려할 수 있기 때문이다. 이러한 대화의 형태는 여러 가지가 있지만 도덕 교육에서 가장 중요한 대화의 형태는 성인과 학생들 간에 이루어지는 일상적인 대화(ordinary conversation)이다. 학교에서 교사와 학생간에 이루어지는 대부분의 대화는 교사들이 지시하는 형

태로 이루어지며, 참다운 의미의 대화는 거의 이루어지지 않는다.[53]

나딩스는 이러한 일상적인 대화가 도덕적 의미와 가치를 지니고 도덕 교육의 방법으로서 기능을 할 수 있기 위해서는 다음과 같은 새로운 조건들이 요구된다고 보고 있다.[54]

첫째, 교사는 합리적이며 훌륭한 사람이어야 한다. 즉 훌륭한 사람이 되고자 노력하고, 자신의 행동이 다른 사람에게 미치는 영향을 고려하고, 대화의 상대자인 아이들의 고통에 대해서 관심과 동정심을 가지고 응답할 수 있는 사람이어야 한다.

둘째, 교사는 아이들을 반드시 배려해 주고, 아이들과 대화하는 것을 기뻐할 수 있어야 한다. 아이들은 자신들이 좋아하고 존경하는 선생님과 진정한 대화를 나눌 때, 그 선생님을 모방하게 된다. 이러한 맥락에서 이루어진 대화에서는 비록 그 목적이 명시적으로 도덕 교육을 위한 것은 아니라 할지라도, 도덕적으로 연관된 문제들이 언급될 수 있다.

나딩스는 성인과 아이들간의 일상적인 대화를 도덕 교육에서 가장 중요시한다. 여기서는 대화 상대자가 대화의 주제나 내용보다 훨씬 더 중요하다. 대화자들은 대화의 목적이 상대를 이기기 위한 것이 아니기 때문에 이기기 위해서 경쟁할 필요가 없다. 일상적인 대화에서 대화의 상대자들은 서로 격려해 주고 도와줄 뿐만 아니라 서로 인도해 주고

---

53) N. Noddings, "Conversation as Moral Education," *Journal of Moral Education*, V. 23(2), 1994, p. 223.
54) Ibid., p. 114.

추종한다. 따라서 대화에서 가장 중요하고 관심을 크게 두어야 할 것은 바로 대화를 하는 사람들간의 관계다.

그리고 대화를 위해서는 먼저 대화의 내용에 대해서 개방적인 자세를 지녀야 한다. 대화는 미리 결론을 정할 필요가 없기 때문에 대화자들끼리 개방적이고 자유로운 토론과 합의를 통해 결론을 도출할 수 있어야 한다. 그리고 학생들이 진솔하고 적극적인 자세로, 그리고 편안한 마음으로 대화에 참여할 수 있게 하기 위해서는 교사와 학생간에 신뢰가 형성될 수 있을 정도로 충분히 서로에 대해서 알 수 있는 시간이 요구된다.

실천

나딩스는 배려의 윤리적 이상을 발달시키기 위한 도덕 교육 방법으로서 학생들에게 배려를 실천(practice)해 볼 수 있는 기회를 제공해 줄 것을 제안하였다. 윤리적 이상을 형성하고 있는 아이들은 단순히 배려에 대해서 대화해 보거나 글을 써보는 것만으로는 실제적인 배려의 능력을 지닐 수 없기 때문에 배려를 직접 실천해 볼 수 있는 기회를 가져야 한다는 것이다.

나딩스에 따르면, 인간의 태도와 지적 성향(mentality)은 부분적으로 경험을 통해서 형성되고, 배려의 능력과 성향도 배려의 실천 경험을 통해서 발달된다고 한다. 그러므로 다른 사람을 보살필 수 있는 학생들을 길러내기 위해서는 학생들에게 배려를 실천해 볼 수 있는 기회를 제공해 주어야 한다는 것이다.[55]

---

55) Noddings(1992), op. cit., p. 23.

나딩스는 이러한 배려의 실천을 위한 방법으로서 학교에서 정규 교과목 외에 공동체를 위한 봉사 활동 과정을 채택할 것을 제안하였다. 봉사 활동은 인간의 상호 의존성과 나눔과 베풂의 가치를 체험하게 해 줄 뿐만 아니라 서로를 이겨야 하는 경쟁 대상자가 아닌 더불어 살아가야 하는 동반자로 인식하게 해주는 장점을 지니고 있다. 이러한 봉사 활동이 원래 의도한 대로 배려 능력의 발달에 도움을 주기 위한 것이 되기 위해서는 다음과 같은 조건들이 요구된다.56)

첫째, 참다운 배려의 실천을 위해서는 무엇보다도 먼저 학교의 변화가 필요하다. 만약 우리가 배려의 실천에 대해서 성적을 평가하면 학생들은 배려하는 사람을 위해서가 아니라 성적을 얻기 위해서 치열한 경쟁을 하게 될 것이다. 이렇게 되면 학생들은 자신들이 배려하고자 하는 사람에게 두었던 관심을 자신에 대한 관심으로 전환하게 될 것이다. 그렇다고 성적을 부과하지 않으면, 크게 중요하지 않은 과목으로 외면당할 수 있다.

둘째, 공동체 봉사 활동에 참여하는 학생들은 반드시 배려의 본보기가 될 수 있는 성인과 함께 참여해야 한다. 왜냐하면 봉사 활동은 배려의 방식뿐만 아니라 배려가 아닌 방식으로도 수행될 수 있기 때문에 아이들만 봉사 활동에 참여시킬 경우 잘못하면 배려의 태도가 아니라 배려의 형식적인 면만 배울 수도 있다. 배려의 실천 경험은 우리가 소망하는 참다운 배려의 태도를 고양시키는 데 기여해야 하고, 그러한

---

56) N. Noddings, *Philosophy of Education*(Colorado: Westview Press, 1995), pp. 191-192; Noddings(1992), op. cit., pp. 23 -24; Noddings(1994), op. cit., p. 177; Noddings(1984), op. cit., pp. 187-192. 참조.

태도를 지니게 하는 곳에서부터 시작되어야 한다. 따라서 아이들은 배려의 행동을 통해서 아이들에게 어떻게 배려하는지를 보여줄 수 있고, 배려에 수반되는 어려움과 그 보상들에 대해서 말해 줄 수 있는 성인과 함께 배려에 참여해야 한다.

셋째, 학생들을 봉사 활동에 참여시킬 때 그들의 재능과 적성에 맞는 곳에 배치해서는 안 된다. 왜냐하면 학생들을 특별한 재능에 맞는 곳에 배치할 경우, 자신이 좋아하고 유능한 분야에서만 경험을 하게 됨으로써, 학생들을 다시 분리시키고, 기존의 신분 위계 구조를 고착화시킬 위험성이 있기 때문이다. 학생들의 재능을 존중해 주는 것도 중요하지만 그들로 하여금 전혀 낯설고 어려운 새로운 상황에 직면해서 스스로 위험을 무릅쓰고 과업을 수행토록 함으로써 자신들의 성공과 실패의 경험을 공유하고, 자만과 교만을 극복하고, 특별한 과업에 대한 두려움을 극복하며, 다른 사람에 대한 자연적 배려의 감정과 감사하는 마음을 키워줄 수 있도록 해야 한다.

넷째, 배려의 실천을 위한 협동 학습을 크게 강조할 필요가 있다. 왜냐하면 협동 학습을 통하여 학생들은 배려를 실천적으로 경험하고, 배려의 의미를 이해하고, 관계의 중요성과 상호 협동의 중요성을 얻을 수 있어서 배려 윤리의 발달에 중요한 기능을 하기 때문이다. 또한 협동 학습은 배려의 실천 외에도 다양한 목적을 위한 방법으로 활용할 수 있다. 그렇기 때문에 교사는 협동 학습의 목적이 서로를 도와주기 위한 것임을 학생들에게 분명하게 인식시킴으로써 배려의 실천을 위한 계기로 삼을 수 있도록 해야 한다.

다섯째, 봉사 활동과 관련된 모든 성인들은 학생들에게 배려를 촉진하기 위한 교사가 되어야 한다. 교사들이 특별히 도덕적 추론에 대해

훈련을 받은 사람일 필요는 없다. 학생들에게 배려의 모범이 됨과 동시에 지속적인 대화를 통하여 배려에 대한 확신을 심어줄 수 있는 역할을 하는 것이 중요하다. 따라서 모든 교사들은 각자의 전공 영역이라는 보이지 않는 벽을 초월해서 학생들에게 다양한 봉사 활동의 기회를 부여하고, 그것을 지도해 주는 일에 적극적으로 참여해야 한다.

인정하고 격려해 주기

나딩스는 배려의 관점에서 도덕 교육의 한 요소로 인정하고 격려해 주기(confirmation)를 제시하였다. 나딩스는 인정하고 격려해 주기라는 개념을 "다른 사람 안에 있는 최상의 것을 찾아서 인정해 주고 격려해 주는 행동"으로 정의한 부버(M. Buber)의 개념을 그대로 수용하여 사용하고 있다.[57] 우리가 학생들을 인정해 준다는 것은 학생들이 잠재적으로 가지고 있는 더 훌륭한 자아를 찾아서 그 자아의 발달을 격려해 주는 것을 의미한다. 교사는 학생들의 희망과 노력의 목표가 무엇인지를 충분히 알 수 있을 때만 학생들의 능력과 소질을 인정하고 격려해 줄 수 있다. 교사가 학생의 실체와 일치하는 가능한 최상의 동기를 그에게 귀인시킬 때, 우리는 그를 인정하고 격려해 줄 수 있게 된다. 인정하고 격려해 준다는 것은 곧 교사가 학생에 대한 이해와 지식을 기초로 학생이 가지고 있는 보다 훌륭한 자아를 확인하고 이의 발달을 격려해 줌으로써 최상의 자아를 고양시켜 주는 것이라고 할 수 있다.

따라서 인정하고 격려해 주기 위해서 교사는 학생의 재능이나 능력, 특성, 관심 등을 알고 있어야 할 뿐만 아니라 학생과 서로 친밀감과

---

57) Noddings, op. cit., 1992, p. 25.

신뢰감을 형성하고 있어야 한다. 이러한 친밀감과 신뢰감, 상호 이해를 위해서는 상대에 대한 지식이 필요하다. 그리고 그 지식을 얻기 위해서는 무엇보다도 많은 만남과 대화의 시간이 전제되어야 한다. 인정하고 격려해 주기 위해서는 무엇보다도 학생과 교사간의 만남과 대화의 시간이 요구된다. 이런 관점에서 보았을 때 나딩스가 제시하고 있는 교육 방식들은 서로 독립된 것들이 아니라 서로 유기적으로 결합되어 있는 것임을 알 수 있다.

③ 도덕 교육을 위한 학교 구조 개선

나딩스에 따르면 도덕 교육의 목표인 윤리적 이상을 고양시키기 위해서는 앞에서 제시한 구체적인 교수 방법뿐만 아니라 학교 전체의 구조적 개혁이 요구된다고 한다. 학교 구조 개선을 위해서는 먼저 탈전문화(deprofessionalization)된 교육이 요구된다.[58] 탈전문화된 교육을 통해서 우리는 공동체 안에 있는 다른 성인들이 교육 문제에 대해서 관심을 가지고 더 적극적으로 관여하도록 할 수 있다. 그리고 탈전문화된 교육이 배려를 지지해 주는 방식으로 이루어지면 학교 구조의 재조직화를 가져올 수 있게 된다. 여기서 의미하는 탈전문화란 공동체 안의 다른 교육자(특히 학부모)들과 교사들을 단절시키는 특별한 언어를 없애고, 교사들과 개별 아동간의 접촉을 방해하는 협소한 전문화를 축소시키고, 모성적 태도라 할 수 있는 배려의 정신을 증대시키는 것을 의미한다.

---

58) N. Noddings(1984), op. cit., p. 197.

　탈전문화를 위해서 교사는 먼저 배려하는 사람이 되어야 할 뿐만 아니라 자신의 과목에 대한 전문 지식을 갖춰야 한다. 나딩스는 교사가 배려하는 사람이 되기 위한 방법으로서 신임 교사와 능숙한 중견 교사에게 3년간 공동으로 두 학급의 담임을 맡기는 것을 제시하고 있다. 이 3년간의 과정을 통해서 신임 교사는 중견 교사가 학생들을 배려하는 것을 통해 배려의 방법을 배우고, 학생들과의 계속적인 만남을 통해 학생들을 보다 잘 이해할 수 있게 됨과 동시에 학생들은 따뜻한 배려 윤리를 보고 배울 수 있는 지속적인 기회를 가질 수 있다는 것이다.

　또한, 나딩스는 중견 교사는 신임 교사와의 3년간의 공동 담임 업무를 마치면 1년간은 행정 업무(장학사, 상담 교사, 행정가, 교육 과정 계획자)에 종사하게 할 것을 제안한다. 이러한 순환 근무를 통해서 교사들이 가르치는 업무 외에 다양한 업무에 대한 경험을 쌓아 학교 개혁에 걸림돌이 되는 기존의 교육 행정가들을 대신해 그 업무를 효율적으로 수행함으로써 장기적으로 학교의 혁신을 가져올 수 있고, 학교 안에 배려의 공동체를 만들 수 있는 구조적 여건을 마련할 수 있다는 것이다.

　이와 함께 나딩스는 배려 윤리를 위한 도덕 교육 방법이 성공적으로 기능할 수 있기 위해서는 무엇보다도 학생과 교사, 학생과 학부모 간의 신뢰와 친밀감이 필요하다고 주장한다. 신뢰와 친밀감을 발달시키기 위해서는 가능한 한 학생들과 교사간의 접촉과 대화의 기회가 많아야 한다고 주장한다. 이를 위해서 제안하고 있는 방법이 바로 학급 담임과 교과 담임의 3년 이상 연임제이다. 담임 선생을 한 학기 또는 1년 단위로 교체하는 대신 3년 이상 연임하면, 학생들과 접촉과 대화의 기회가 늘어나고 이 과정에서 서로간의 신뢰와 이해, 서로에 대한 지식이 증대됨으로써 배려 관계의 형성과 배려 윤리의 발달에 효율적일 수 있다는 것이다.

이외에도 나딩스는 학교 구조 개선을 위해서 학교 규칙과 처벌 방법을 개선할 것을 제안하였다. 배려의 윤리에 기초해서 확립된 규칙은 바람직한 행동을 위한 지침으로 해석할 수 있지만 벌을 통해서 이러한 규칙을 강요할 필요는 없다는 것이다. 배려 윤리에 따르면 우리는 이러한 규칙의 위반 행위에 대해서 벌을 부과해서는 안 된다. 위반 행위에 대한 처벌 조치는 윤리적 이상을 계속해서 구축하는 데 필요한 책임감을 감소시키고 그들과의 관계를 악화시키기 때문이다. 따라서 학생이 계속 지각을 하면 우리는 그 학생을 벌하기보다는 왜 그 학생이 지각하는지를 먼저 알아보아야 하고, 만약 학생이 겪고 있는 문제가 극복될 수 있는 것이라면, 위반 행위에 대해서 벌을 가하기보다는 학생을 도와줄 수 있는 다양한 방법을 찾아서 실행에 옮기는 것이 더 중요하다고 나딩스는 주장하고 있다.

이러한 나딩스의 도덕 교육론은 도덕 교육을 도덕과가 아니라 학교 전체 교육 과정을 통해서 실시하고 있는 미국적인 특성을 반영하고 있다는 점에서 독립 교과로서 도덕과를 설치하고 있는 우리나라 교육에 그대로 적용하기는 어렵다. 하지만 남녀 모두에게 배려 윤리의 교육을 요청하고, 학생과 교사간의 신뢰와 친밀감의 형성을 통한 배려의 인간 관계를 전제로 하고 있는 도덕 교육의 방법들은, 지나치게 경쟁적이고 개인주의적인 교육이 지배하고 있는 우리나라 도덕과 교육의 개선을 위한 많은 시사점을 주고 있다.

제5장

배려 윤리의 비판적 고찰

1. 윤리학적 문제

여기서는 주로 배려 윤리의 문제점을 윤리학적인 관점에서 살펴보고자 한다. 윤리학적 측면에서 볼 때, 첫째, 배려 윤리는 위험한 자기 정당화를 범할 수 있는 문제점을 지니고 있다. 코엔(D. Koehn)에 따르면 배려 윤리론자들은 타인이 진정으로 원하고 필요로 하는 것이 무엇인가를 정확히 알 수 없는데도 자신들의 관점에서 타인의 욕구나 사고를 주관적으로 해석하여 타인의 욕구와 상반되는 배려를 하면서도 타인을 배려한다고 인식하는 위험한 자기 정당화를 쉽게 범하고 있다.[1]

---

[1] 코엔은 배려 윤리가 이처럼 배려를 받는 사람의 욕구나 필요를 잘못 이해하는 경우에도 이를 정확히 이해한 것처럼 배려를 정당화할 뿐만 아니라 배려하는 사람의 행위를 규제할 수 있는 원리나 원칙이 없기 때문에 배려하는 사람이 배려를 왜곡하거나 조작할 수 있고 배려의 가치가 오직 배려하는 사람에 의해서만 결정되기 때문에 위험한 자기 정당화의 문제점을 갖는다고 비판하였다. 코엔은, 이러한 자기정당화는 배려하는 사람과 배려를 받는 사람 모두에게 피해

여기서 코엔이 비판하는 것은 배려하는 사람들이 쉽게 범할 수 있는 실수이다. 예를 들어 군것질을 해서 식욕이 별로 없는 아이에게 억지로 음식을 먹이려는 어머니의 경우를 들 수 있다. 이 경우 어머니의 행위는 진정한 배려의 행위라고 보기 어렵다. 왜냐하면 어머니는 아이의 욕구나 필요를 정확하게 인식하지 못한 채, 자신의 생각에 따라서 아이에게 음식을 먹이고 있기 때문이다. 그러나 이러한 경우에도 어머니는 아이를 진정으로 배려하고 있다고 생각할 것이다. 이러한 경우 배려는 온정주의나 권위주의 또는 독선에 빠지기 쉽다. 기본적으로 이러한 문제는 배려하는 사람이 배려 받는 사람의 필요나 욕구를 이해하기 위한 노력이나 주의를 기울이지 않는 데서 야기된다고 할 수 있다.

워커(Margaret Walker)는 이러한 문제점을 해결하기 위한 방법으로 배려하는 사람과 배려 받는 사람간의 의사소통을 통해서 배려의 의도를 파악할 것을 제안하였다. 즉 배려하는 사람과 배려 받는 사람간의 대화를 통해서 서로의 의도를 파악할 필요가 있다고 보았던 것이다.[2] 러딕도 같은 맥락에서 어머니가 자녀들과의 대화를 통해서 그들을 어떻게 배려할 것인지를 알아내야 한다고 했으며, 헬드도 실제적인 대화를 통해서 서로의 이야기를 청취함으로써 이러한 문제를 극복할 수 있다고 제안하였다.[3]

여기서 볼 수 있는 것처럼 타인에게 베푸는 모든 배려를 다 배려라고 하기는 어렵다. 배려하는 행위가 진정한 배려로 정당화될 수 있기

를 준다고 보고 있다. Daryl Koehn, *Rethinking Feminist Ethics: Care, Trust and Empathy*(New York: Routledge, 1998), p. 30.

2) M. Walker, "Partial Consideration," *Ethics*, 101: 4(July), 1991, p. 769.

3) V. Held, *Feminist Morality: Transforming Culture, Society and Politics*(Chicago: University of Chicago Press, 1995), p. 41.

위해서는 배려를 받는 사람의 필요와 욕구에 대한 정확한 이해와 인식에 의거해서 배려가 이루어져야 한다. 이를 위해서는 무엇보다도 배려하는 사람과 배려를 받을 사람간의 진정한 대화가 필요하다. 나딩스는 배려 윤리의 이러한 문제점을 인식하고 배려 윤리를 교육하기 위한 교육 방법으로서 무엇보다 대화의 중요성을 강조하고 있다. 즉 대화를 통해서 교사와 학생, 학생과 학생, 교사와 학부모간의 상호 이해와 친밀감을 높이고, 이에 기초해서 상호 신뢰감이 증진될 수 있다는 측면을 중시하였던 것이다.

둘째, 길리간과 나딩스는 배려 윤리를 주로 여성적 특성으로 보고 있지만 배려 윤리를 여성적 특성만으로 보기는 어렵다. 나딩스에 의해서 체계화된 배려 윤리에서는 배려 윤리의 근원을 가정에서 여성의 역할, 곧 모성적 배려에 둠으로써 배려 윤리를 여성적 특성으로 규정하고 있다. 길리간의 경우에도 배려 윤리를 지배적인 여성적 특성으로 규정하였다. 길리간의 경우 두 도덕성을 성이 아니라 주제에 의해 정의하였다고 주장하고 있지만, 실제적으로는 배려를 여성적 도덕성으로 규정하고 있다. 이처럼 길리간과 나딩스는 배려 윤리를 남녀 모두에게 교육할 것을 주장하고 있지만 근본적으로 배려 윤리를 여성적인 특성으로 규정하고자 했던 것이다.

그러나 배려 윤리는 이들의 주장처럼 여성적 특성으로만 보기는 어렵다. 배려 윤리의 특성은 여성뿐만 아니라 남성에게서도 찾아볼 수 있기 때문이다. 또한 배려 윤리의 특성은 합리성과 개인주의를 강조하는 서구의 선진 산업 사회에서보다는 동양의 전통 사회에서, 도시보다는 농촌에서, 산업화된 현대 사회에서보다는 전통적인 농경 사회에서 더 강하게 나타나고 있다. 이런 측면에서 배려 윤리는 성별과 관습, 사

회적·문화적·정치적인 요인들의 영향에 의해 복합적으로 결정된 것
으로 보아야 할 것이다.

셋째, 배려 윤리는 배려의 대상 및 범위, 의무를 지나치게 협소하게
규정하고 있다. 나딩스에 따르면, 배려 윤리는 배려하는 사람을 배려
받는 사람이 수용하고 반응할 수 있을 경우에만 완성될 수 있다.[4] 그
러므로 배려하는 사람의 의무는 배려에 대한 응답을 기대할 수 있는
대상에게만 주어질 수 있다. 나딩스는 이러한 관점에서 아프리카에 있
는 굶주린 아이를 배려할 필요가 없다고 주장한다. 그 아이와 배려의
관계를 유지할 수가 없다는 것이 그 이유이다. 나딩스는 이렇게 윤리
적 배려의 범위를 배려가 완성될 수 있는 영역에 한정하여 낯선 타인
에 대한 배려의 의무를 배제함으로써 배려의 의무를 너무 협소하게 규
정하고 있다.

우리나라의 경우 가까운 사람간의 배려가 너무 지나쳐서 문제가 되
는 경우가 많다. 지나친 가족 이기주의, 지연, 학연을 매개로 한 연고
주의 등이 그 예이다. 우리에게 더욱 절실하게 요구되는 것은 가까운
사람에 대한 배려보다는 오히려 낯선 사람들에 대한 배려이다. 이 점
은 다음과 같은 시첼(Betty A. Sichel)의 주장을 통해서도 입증되고 있
다.

도덕성은 친구, 가족, 종업원, 동료와 같은 가까운 사람이나 우연히 거리
에서 만난 낯선 사람, 또는 문 뒤에 있는 고양이만을 포함하는 것은 아니
다. 도덕적인 손은 우리가 모르는 모든 사람, 또는 영원히 모를 수 있는

---

4) Noddings(1984), op. cit., p. 86.

사람, 가까운 타인으로서 한번도 얼굴을 마주할 수 없는 사람들에게까지 반드시 확대되어야 한다.5)

넷째, 배려 윤리는 배려하는 사람 자신에 대한 사랑이나 배려를 경시하고 있다. 호그랜드(Sarah Lucia Hoagland)에 따르면, 배려 윤리는 타인 지향적인 기독교적 사랑을 지향함으로써 항상 배려하는 사람의 희생을 요구한다고 한다.6) 호그랜드는 일방적인 배려 윤리에서 배려하는 사람의 윤리적 정체성은 다른 사람의 필요로부터 발달한다고 주장한다. 그리고 배려 윤리는 배려 받는 사람에게는 아무것도 요구하지 않은 채 배려하는 사람의 희생과 헌신만을 강요하고, 배려하는 사람에게만 너무 많은 책임과 의무를 부과하는 일방적인 비상호적인 윤리라는 것이다. 바로 배려하는 사람의 역할이 주로 여성에게 부여되고 있다는 차원에서 이러한 배려 윤리는 여성의 희생과 헌신을 강요하고 정당화할 수 있다는 것이다. 이러한 점을 들어서 호그랜드는, 기독교적 사랑으로서의 배려를 강조하는 배려 윤리는 배려의 주체인 여성을 억압하는 역할을 하게 된다고 비판한다.

다섯째, 호그랜드는 불평등한 관계에 근거를 둔 배려 윤리의 문제점을 비판한다. 나딩스의 배려 윤리에서는 아이들의 양육을 위해서 필요한 어른들간의 협력에 초점을 맞추지 않고 오히려 어머니와 아이들, 교사와 학생, 치료사와 환자간의 불평등한 관계에 초점을 맞추고 있다. 이 경우 아이들이나 학생들은 부모나 교사들이 자신들에게 원하는 것

5) Betty A. Sichel, *Moral Education: Character, Community and Ideals*(Philadelphia: Temple University Press, 1988), p. 215.
6) S. L. Hoagland, "Some Thoughts about Caring," Card(1991), op. cit., p. 257.

이 무엇인지를 인식하거나 이해하지 못하기 때문에 이들간의 관계는
불평등한 관계가 된다. 만약, 배려 받는 사람이 배려하는 사람이 무엇
을 원하고 필요로 하는지 이해할 수 없다면, 이러한 관계는 축소된 배
려의 관계로서 극복되어야 하는 관계이다.[7]

　나딩스의 입장에서 보면 불평등한 배려의 관계에 기초한 배려 윤리
에서는 배려하는 사람이 배려 받는 사람과의 관계를 통제하는 것이 도
덕적으로 필요할 뿐만 아니라 요구된다. 그러나 호그랜드는 바로 나딩
스의 이러한 입장을 비판한다. 배려하는 사람이 배려 받는 사람이 무
엇을 가장 원하고 있는지 항상 잘 알 수 없을 뿐만 아니라 때로는 배
려 받는 사람이 자기 자신에 대해서 가장 잘 판단할 수도 있다는 것이
다.[8] 그리고 도덕적으로 훌륭한 배려의 관계 안에서는 배려하는 사람
과 배려 받는 사람의 역할이 고정적인 것이 아니라 그 역할을 서로 교
환할 수 있어야 한다는 것이다. 왜냐하면 배려 받는 사람뿐만 아니라
배려하는 사람도 또한 사랑과 관심을 필요로 하기 때문이다. 이러한
호그랜드의 관점에서 볼 때 불평등 관계를 전제로 한 나딩스의 관점은
배려하는 사람에게만 부담을 지우고, 배려 받는 사람의 능력이나 자율
성을 침해할 뿐만 아니라 배려의 관계를 왜곡시킬 수 있는 위험성을
가지고 있다.

　여섯째, 배려하는 사람들은 항상 다른 사람을 위해서 살아야 하기
때문에 자기 자신을 희생할 뿐만 아니라 자신에 대한 책임감을 상실하
거나 타인에게 전가시킬 수 있는 문제를 배려 윤리는 내포하고 있다.
코엔에 따르면 배려하는 사람들은 항상 배우자나 자식과 같이 자신들

---

7) Ibid., p. 251.
8) Ibid., p. 251.

이 배려해 주었던 사람들이 자신의 곁을 떠나거나 새로운 연인을 찾아서 떠나갈 때 "나는 당신에게 정말 많은 것을 주었다. 왜 나를 더 자주 찾아오지(편지를 쓰지, 이야기를 해주지) 않느냐? 당신이 나를 버릴 수 있느냐?"라는 분노를 표출하게 된다고 한다.9)

코엔의 지적처럼 우리는 다른 사람에게 자신의 모든 삶을 바칠 수도 없고, 자신의 삶에 대한 책임감을 전가시킬 수도 없다. 그러나 배려 윤리를 대표하는 길리간이 제시한 배려의 발달 단계를 분석하면 코엔의 이러한 지적은 설득력이 약하다. 왜냐하면 길리간의 관점에서 볼 때, 코엔이 지적한 이러한 문제점은 배려의 두 번째 수준, 즉 선함을 자기 희생과 동일시하는 단계에 국한된 것이기 때문이다. 길리간은 오히려 이러한 문제점은 배려의 도덕성이 미숙한 탓이기 때문에 최고의 수준인 제3수준, 즉 자신과 타인을 함께 보살필 수 있고 비폭력의 원리를 도덕 원리로 채용할 수 있는 단계로 발달함으로써 해결될 수 있다고 주장하였다.

일곱째, 불평등한 관계에 근거한 배려 윤리는 악용될 수 있다. 호그랜드에 따르면 불평등한 관계에 근거한 배려의 관계에서는 배려하는 사람과 배려 받는 사람간의 능력이나 힘의 차이를 근거로 배려하는 사람이 배려 받는 사람을 지배하고, 배려 받는 사람이 배려하는 사람을 맹목적으로 신뢰하게 된다. 이로 인해서 배려하는 사람은 지배자로, 배려 받는 사람은 피지배자로 그 역할이 영속화될 수 있을 뿐만 아니라 배려하는 사람이 자신의 권력과 힘을 남용해서 배려 받는 사람을 학대하거나 억압할 수 있다. 그 예로서 아버지가 딸을 강간하는 경우

---

9) Koehn, op. cit., p. 49.

나 부모들에 의한 아동 학대, 남성에 의한 여성의 지배 등을 들 수 있다.[10]

여덟째, 배려 윤리는 원리나 원칙을 부정하기 때문에 배려하는 사람과 배려 받는 사람이 서로 상충하게 될 때, 이 문제를 해결하기 어렵다.[11] 예를 들어 어린 자식과 늙은 부모님 중에서 누구를 먼저 더 우선적으로 배려해야 할지 배려 윤리는 뚜렷한 지침을 제공해 줄 수 없다는 것이다. 배려 윤리는 이렇게 배려가 상충될 수 있는 두 사람에게 적절하게 응답할 수 있는 방법을 제시해 주지 못한다는 것이다.

2. 도덕성에서의 성차 및 두 도덕성간의 조화 문제

길리간의 배려 윤리에 대한 비판은 크게 두 가지로 구분해 볼 수 있다. 첫번째 비판은, 도덕성은 성과 관련이 없다는 주장이다. 두 번째 비판은 정의 윤리와 배려 윤리는 길리간의 주장처럼 대립적인 것이거나 명백하게 구분할 수 있는 것이 아니라 상보적인 도덕적 목소리라는 주장이다.

---

10) Ibid., p. 252.
11) Ibid., p. 31.

(1) 도덕성에서의 성차의 문제점

길리간은 첫번째 비판에 대해서는 도덕적 목소리는 성이 아니라 주제에 의해서 결정된다고 응답함으로써 도덕성이 성과 절대적인 관계가 없다는 것을 밝히고 있지만, 길리간은 두 목소리와 성과의 관련성 자체를 완전히 부인한 것은 아니다. 실제로 길리간은 두 도덕적 정향과 성과의 관련성을 초점 현상으로 설명함으로써 도덕적 정향과 성과의 연관성을 주장하였다.12) 길리간은 두 도덕적 정향의 차이를 밝히기 위해서 편의상 도덕적 정향을 성과 관련시켜서 설명하고 있다고 주장하지만 길리간의 연구들을 분석해 보면 길리간은 배려 윤리를 여성적인 윤리로 규정함으로써 성이 아니라 주제에 의해서 도덕적 목소리가 결정된다는 자신의 주장과 상치되는 입장을 취하고 있다는 것을 알 수 있다.13) 길리간은 정의 윤리를 남성적 윤리로, 배려 윤리를 여성적 윤리로 규정함으로써 도덕성을 성과 연관시켜서 설명했다.

그러나 길리간의 주장과는 반대로 남성이 정의 윤리보다 배려 윤리의 특성을, 여성이 배려 윤리보다 정의 윤리의 특성을 더 많이 가지고

---

12) Gilligan & Attanucci, op. cit., pp. 452-453.

13) 실제로 길리간은 배려 윤리가 존재한다는 것을 입증하기 위한 연구도 여성들만을 대상으로 하였을 뿐만 아니라 면담 주제도 여성들만이 경험하는 낙태 딜레마였다(Gilligan, 1982). 그리고 두 도덕적 정향이 아동기의 여아와 남아가 부모와의 관계를 상이하게 경험하는 것에서 기인한다고 주장함으로써 도덕적 정향이 아동기에 성과 관련해서 결정된다는 것을 보여 주었다(Gilligan & Wiggins, op. cit., p. 115). 또한 아타누치와의 연구에서도 배려의 정향이 지배적인 여성적 도덕 정향이라는 결론을 내리고 있다(Gilligan & Attanucci, op. cit., pp. 452-453). 길리간은 이처럼 도덕적 정향과 성이 절대적인 관계는 아니라 할지라도 밀접한 관련을 갖고 있다는 입장을 취하고 있다.

있는 경우가 있을 뿐만 아니라 동일한 사람이 정의와 배려 윤리를 함께 공유하는 경우도 있다는 점을 고려할 때, 도덕성을 단순히 성과 연관시켜서 정의할 수 없다는 것을 알 수 있다.[14] 도덕성은 성뿐만 아니라, 인종, 문화, 전통, 역사, 사회 경제적 환경 등과 연관해서 정의될 수 있는 것으로 봐야 할 것이다. 왜냐하면 배려 윤리의 특성은 서구 문화권보다는 유교적 전통의 지배를 받는 동양 사회에서, 도시보다는 농촌에서, 오늘날의 산업 사회보다는 전통적인 과거 농경 사회에서 더 많이 찾아볼 수 있기 때문이다.

정의와 배려 윤리를 남녀 모두에게 요청되는 보편적인 도덕성으로 인식하고, 도덕 교육을 통해서 두 도덕성을 대등하게 교육할 수 있기 위해서는 도덕성을 성과 연관시켜서는 안 된다. 왜냐하면 도덕성이 남성적 도덕성 또는 여성적 도덕성으로 정의되면 이미 그 도덕성은 특정한 성에만 요구되는 특수한 윤리, 보편성을 상실한 윤리로 전락하게 될 뿐만 아니라 특정성을 억압하거나 지배하기 위한 수단으로 악용될 수도 있기 때문이다. 이러한 관점에서 배려 윤리는 여성적 도덕성이 아니라 정의의 도덕성과 함께 보편적인 도덕성을 구성하는 하나의 도덕적 관점으로 이해해야만 한다.

(2) 두 도덕성의 조화 문제

길리간에 대한 두 번째 비판은 크게 두 가지로 나누어볼 수 있다.

---

14) Gilligan(1982), p. 43.

첫째, 길리간의 주장을 정면으로 반박하면서 배려 윤리 존재 자체를 부정하거나 배려 윤리와 정의 윤리를 구분하는 것 자체에 대한 비판이다.[15] 이러한 비판들은 기본적으로 두 가지 도덕적 목소리가 모두 정의의 목소리 안에 포함된다는 입장을 취하고 있다. 둘째, 길리간이 정의와 배려의 목소리를 상반되는 목소리로 잘못 이해하고 있다는 비판이다. 이러한 비판들은 이에 대한 대안으로서 정의와 배려 윤리를 대립적인 것이 아니라 상보적이고 통합적인 것으로 볼 것을 제시하고 있다. 그러면 먼저 이들 비판가들의 주장을 살펴보기로 하자.

클레멘트(Clement)는 배려와 정의를 서로 경쟁적인 것이 아니라 인간의 복지를 보장하는 세계를 창조하는 데 있어서 서로 필수 불가결한 동반자로 규정함으로써 두 윤리의 상보성과 상호 의존성을 주장하고 있다. 클레멘트는 배려 윤리와 정의 윤리가 상대편 윤리를 배제하고 자신의 입장만을 고려할 때 야기될 수 있는 문제점들을 제시함으로써 두 관점의 한계와 그 통합의 필요성을 주장하고 있다.[16]

첫째, 정의에 대한 고려를 배제하고 배려만을 강조할 때 원래 의도했던 것과는 다르게 여성의 종속적 지위를 반영하고 영속화하는 배려 윤리로 전락할 수 있다는 것이다. 즉 배려는 다른 사람을 배려하기 위해서 자기 자신에 대한 배려를 포기해야 할 만큼 지나치게 자기 희생적이라는 것이다. 또 배려는 개인적 관계에만 한정되어 있기 때문에 가족들이나 친구들은 배려할 수 있지만 한정된 영역 밖에 있는 다른 사람들의 요구는 무시할 수 있다는 점이다. 이러한 왜곡 현상들은 자신과 타인의 평등한 가치를 강조하는 정의의 관점을 우리의 도덕적 추

---

15) Kohlberg(1987), op. cit., p. 367.
16) G. Clement(1996), op. cit., pp. 114-122.

론 안에 포함시킬 때 극복될 수 있다는 것이다.

둘째, 정의 윤리도 두 가지 중대한 위험을 가지고 있다. 정의 윤리에서는 개인들을 본질적으로 자족적인 존재로 보고 있기 때문에 오직 소극적인 권리만이 인식되고 다른 권리들은 불간섭적인 것으로 간주된다는 점이다. 그리고 모든 의무를 계약이나 자발적 동의로부터 부과된 것으로 이해하고 있다는 점이다. 클레멘트는 이러한 문제점은 계약적 모델보다도 의무의 범위를 더 넓게 규정하고 있는 배려 윤리를 통해서 극복될 수 있다고 주장한다.

오엔(J. Owen)과 플래나건(Jr. Flanagan)은 배려의 도덕성과 정의의 도덕성이 함께 혼합된 도덕적 판단이 필요하다는 입장을 취하고 있다.17) 이들에 따르면 권리와 책임의 도덕성이 완전히 통합될 수 있는 하나의 방법은 없지만, 두 도덕성은 상대편 도덕성이 없이는 불완전한 것이다. 두 도덕성은 서로 어느 정도 배타적이기는 하지만 우리는 두 도덕성의 입장을 상호 보완적인 것으로 볼 필요가 있다. 왜냐하면 어느 하나의 관점만을 가지고는 문제를 정확히 파악할 수도 없을 뿐 아니라 문제를 잘 해결할 수도 없기 때문이다. 따라서 권리와 책임, 정의 도덕성과 배려의 도덕성이 혼합된 도덕적 판단이 요구된다.

스토커(M. Stocker)는 길리간의 입장을 지지하면서도 길리간이 정의와 배려를 상호 대립적인 이분화된 것으로 받아들이는 것을 비판하면서 두 도덕성의 통합을 주장하였다.18) 이들은 길리간처럼 배려의 도덕

---

17) Flanagan & Adler, "Impartiality and Particularity," *Social Research*, 50, 1983, pp. 585-586.

18) M. Stocker, "Duty and Friendship," Kittay and Meyers(eds.), *Women and Moral Theory*(N.J.: Rowman & Littlefield, 1987), p. 56; p. 67.

성과 정의의 도덕성을 이분법적으로 볼 것이 아니라 상호 연관된 것으로 보아야 한다고 주장한다. 왜냐하면 두 관점을 이분법적으로 보게 되면 그 통합이 어려워지기 때문이다.

가족적 모델에 토대한 배려의 도덕성과 계약적 모델에 토대한 정의의 도덕성은 상이한 도덕 이론에 토대하고 있지만 그 핵심적인 범주는 생각보다 서로 밀접하게 연관되어 있다고 보고 있다. 스토커는 이러한 두 관점의 연관성에 초점을 맞춰 배려의 도덕성의 가장 핵심적인 요소인 우정(friendship)과 정의의 도덕성의 핵심 개념인 의무(duty) 사이의 관련성을 통해서 정의와 배려의 관점을 통합하려고 했다.

그는, 우정은 자연적인 범주이고 의무는 도덕적인 범주이기 때문에 우정과 의무는 완전히 다른 개념이다, 라는 자신과 반대되는 주장에 맞서서 우정과 의무의 통합을 시도했다. 즉 스토커는 우정과 의무의 통합을 통해서, 비록 권리에 기초한 남성적 도덕성과 배려에 근거한 여성적 도덕성이 서로 다를지라도 내적으로 밀접한 관련성이 있으므로 두 관점의 통합의 필요성을 주장하고 있다.

브라벡(M. Brabeck)은 도덕적 인간이란 두 도덕성을 함께 갖춘 사람이라고 보면서 다음과 같이 두 도덕성의 통합을 주장하고 있다.

길리간과 콜버그의 이론을 함께 고려할 때, 도덕적인 사람은 각 개인의 행복과 배려에 대해 열정적인 관심을 계속 가지면서도, 각 개인에게 정의를 실현시켜 줄 수 있는 추론과 도덕적 판단을 통해서 도덕적 선택을 하는 사람이다. 즉 보편적 원리와 특별한 도덕적 선택에 대한 요구가 서로 연결되고, 자율성과 상호 연관성에 대한 필요가 더 확장될 뿐만 아니라 더 적절해진 도덕성의 개념 속으로 통합될 때 정의와 배려의 도덕성

은 하나로 결합될 수 있게 된다.[19]

헬드는 정의와 배려를 공사 영역으로 이분화하는 입장을 반대하면서, 정의의 영역에서도 배려가, 배려의 영역에서도 정의가 요청된다고 주장한다. 헬드는 배려와 정의의 관계를 상보적으로 보면서도 배려를 정의보다 더 포괄적이고 기본적인 것으로 보고 있다. 정의는 국가뿐만 아니라 가정에서도 필요하며, 배려는 가정과 공공 영역에서 몹시 필요하다는 것이다.

우리는 배려 없이는 우리의 삶을 영위해 갈 수 없다. 모든 사람들은 어린 시절에 많은 배려를 필요로 하고, 대부분의 사람들은 배려의 관계를 일생 동안 필요로 하고 원한다. 비록 정의가 가장 중요한 도덕적 가치이지만 사람은 정의 없이도 살 수 있고, 그러한 삶이 적절하게 선할 수도 있다. 우리는 정의 없이도 배려를 가질 수 있다. 그러나 배려 없이는 권리의 공적 체계나 가족이라는 사적 체계에서 존경할 만한 사람을 갖지 못하게 된다.[20]

이러한 근거에서 헬드는 배려가 정의보다 더 포괄적이며 일차적인 가치라고 주장하고 있다. 따라서 우리는 배려의 망 속에서 정의를 요구할 수 있고 요구해야만 한다는 것이다. 헬드는 배려를 정의보다 우

---

19) M. Brabeck, "Moral Judgement: Theory and Research on Differences Between Males and Females," Larbee(1993), op. cit., p. 48.
20) V. Held, "The Meshing of Care and Justice," *Hypatia* 10(Spring), 1995, pp. 131 -132.

선시하면서도 배려 윤리를 적용하는 데 있어서 정의 윤리가 중요한 역할을 하고 있다는 점을 주장함으로써 두 관점의 상호 의존성을 강조하고 있다.

길리간의 입장을 세밀하게 분석해 보면 이들의 주장과는 달리 그녀는 정의와 배려 윤리는 서로 구별되는 독립적인 도덕적 목소리이면서도 상보적인 목소리로 보고 있다는 것을 알 수 있다. 물론 길리간의 두 도덕성의 관계에 대한 입장이, 상보적인 관계를 갖는다는 입장에서 형태 심리학의 애매한 그림의 비유를 통하여 독립적이고 대안적인 관계를 갖는다는 입장으로, 그리고 최근에는 음악적 비유를 통해서 독립적이면서도 조화로운 대위선율적 관계를 갖는다는 입장으로 수정되어 왔지만, 길리간도 이들과 마찬가지로 궁극적으로 두 도덕적 관점이 포괄적인 하나의 도덕성 이론으로 통합되어야 한다는 입장을 취하고 있다. 이러한 길리간의 입장은 다음과 같은 주장을 통해서 더욱 잘 드러나고 있다.

인간 발달이 책임과 권리 사이의 갈등을 통해서 변증법적으로 이루어짐을 인식하는 것은 종국에는 연결된 두 개의 상이한 경험 방식이 나름대로 진실됨을 인정하는 것이다… 공정성의 입장과 배려의 입장이 교류되고 있음을 인정하면 양성간의 관계에 대한 더욱 발전된 이해뿐만 아니라 성인기의 일과 가족 관계에 대한 더욱 포괄적인 기술 또한 가능해진다… 여성들의 경험과 관점이 남성들과 다르다는 것을 인정하게 될 때 성숙에 대한 이해는 확장되고, 발달과 관련된 진실들이 맥락에 따라 상대적임을 알 수 있게 된다. 우리의 관점이 성인 발달에 대한 기존 이해와 여성 발달에 대한 새로운 이해의 결합을 통해서 이렇게 확장될 때, 인간 발달에

대한 변화된 이해와 인간의 삶에 대한 더욱 생성적인 관점이 가능해진다
는 것이다.[21)

여기에서 볼 수 있는 것처럼 길리간은 자신이 배려 윤리를 주장했
던 이유가 정의 윤리와 배려 윤리를 성과 연결시켜서 배타적이고 대립
적인 것으로 구분하기 위한 것이 아니라 기존 심리 이론의 구성에서
제외된 집단, 즉 여성에 대한 연구를 통해서 기존의 정의 윤리의 구성
에서 무엇을 간과했는지를 보여줌으로써 인간의 발달관을 확장하는
것이며, 남녀의 삶에 대한 더욱 포괄적인 이해를 하기 위한 것이라고
주장함으로써 배려와 정의 윤리를 포괄적인 하나의 도덕 이론틀 속에
서 보고 있다.[22)

궁극적으로 길리간은 배려 윤리를 통해서 그 동안 무시되고 간과되
어 왔던 여성적 경험과 특성에 대한 정당한 평가와 도덕적 목소리로서
의 위상을 정립하고 두 도덕성간의 상호 작용과 인간의 도덕성에 대한
포괄적인 이해를 도모하고자 했던 것이다. 앞에서 살펴보았던 것처럼
길리간의 배려와 정의에 대한 입장과 길리간에 대한 비판가들의 입장
은 기본적으로 일치하고 있다. 따라서 본서에서는 길리간과 비판가들
간의 차이점보다는 이들간의 공통적인 주장에 주목하여 두 도덕성을
하나의 포괄적인 도덕성을 구성하는 상보적인 관점이라는 주장을 수
용하고, 두 도덕성을 통합할 수 있는 방법과 두 도덕성을 균형적으로
발달시킬 수 있는 방법을 모색해 왔다.

배려 윤리와 정의 윤리를 상보적인 관점에서 하나의 도덕적 관점으

21) Gilligan, 허란주 역, op. cit., p. 304.
22) Ibid., p. 46.

로 통합하여 정의 윤리와 배려 윤리가 모든 사람의 내면에 공존하는 것으로 인식할 때, 우리는 우리의 내부에 내재된 두 도덕성의 특성들을 함께 발달시킴으로써 도덕적인 문제 해결이나 도덕성의 발달에 있어서 훨씬 성숙된 모습을 갖출 수 있을 것이다. 이렇게 될 때, 기존의 도덕 교육에서 정의의 도덕성 측면, 곧 도덕적 지식이나, 형식적이고 추상적인 도덕적 원리의 습득과 도덕적 판단 능력만을 강조함으로써 무시되어 왔던 도덕적 책임이나 도덕적 민감성, 친밀한 인간 관계의 유지 등을 중시하는 모성적 도덕성의 요소를 함께 고려할 수 있고, 그렇게 함으로써 그 동안 도덕 교육에서 제대로 대처하지 못했던 많은 도덕적 문제를 해결할 수 있을 것이다. 즉 무관심, 이기주의, 소외, 인정의 상실, 이웃간의 단절 등의 문제들은 배려의 도덕성의 측면을 강조함으로써 극복할 수 있을 것이다. 그리고 이처럼 정의와 배려의 도덕성을 통합한 도덕 교육을 통해서, 도덕적으로 보다 더 성숙한 인간, 곧 감성과 지성이 하나로 통합된 조화로운 인간을 길러낼 수 있게 될 것이다.

3. 사회 구조적 측면의 경시 문제

배려 윤리는 배려하는 사람과 배려 받는 사람간의 관계에만 초점을 맞추었을 뿐 배려가 이루어지는 사회적 맥락이나 정치적 측면에 대해서는 관심을 크게 기울이지 않았다. 길리간뿐만 아니라 나딩스의 배려 윤리에서도 이러한 사회 구조적인 측면을 등한시하는 경향을 보이고 있다.

길리간은 여성들이 배려 윤리의 특성을 지니게 된 것은 여성들이 아동기에 경험한 애착의 경험에서 기인한다고 보았다. 그녀는 또한 남녀 모두 개인적인 노력과 교육을 통해서 배려 윤리의 특성을 더욱 발달시켜야 한다고 주장하였다. 길리간의 초기 이론에서는 배려 윤리를 개인적 차원에서만 접근했을 뿐, 왜 배려의 역할과 책임이 주로 여성들에게만 부여되고, 왜 여성들이 전통적으로 배려의 역할을 해야만 했는지에 대한 사회 구조적 측면에 대해서는 관심을 두지 않았다. 바로 이러한 점 때문에 길리간은 다른 많은 여성주의 윤리학자들에 의해서 비판을 받았다. 즉 배려 윤리를 개인적인 차원에서만 접근함으로써 배려 윤리가 갖는 사회 구조적인 측면이나 가부장적인 이데올로기적 요소를 보지 못했다는 것이다.

그러나 길리간은 1980년대 후반부터 청소년기 소녀들의 발달에 대한 연구를 통해서 이전과 다른 입장을 보이기 시작했다.[23] 청소년 시절에 소녀들은 관계를 유지하기 위해서 자신을 관계로부터 소외시켜야 하는 관계적 위기에 직면하게 되고, 이를 극복하기 위해서 가부장적 이데올로기를 수용하게 된다. 길리간은 소녀들이 가부장적 이데올로기의 영향으로 인해서 관계적 위기에 직면하게 된다는 점에 주목하여, 그 대안으로서 사회적·문화적 변화의 필요성과 이를 위한 여성간의 유대와 정치적 투쟁의 필요성을 제시하였다.[24] 이러한 길리간의 후기 입장은 배려 윤리가 사회 구조적 측면을 고려치 못했다는 비판을 극복하고 있음을 볼 수 있다.

---

23) Gilligan(1988); 1990; 1995; Taylor & Gilligan, Sullivan(1995), op. cit..
24) Gilligan(1997), op. cit., p. 31.

나딩스는 기본적으로 배려 윤리를 배려하는 사람과 배려 받는 사람 간의 관계 안에서만 고찰하고 있다. 즉 배려하는 사람과 배려 받는 사람 두 사람간의 관계에만 초점을 맞추고 있을 뿐 배려가 이루어지는 공동체나 배려에 영향을 줄 수 있는 사회 구조적 요인에 대해서는 관심을 두지 않았다. 나딩스는 기본적으로 모든 배려의 관계를 도덕적인 것으로 인식했으며, 배려 받는 사람이 가지고 있는 모든 문제들에 대한 책임을 전적으로 배려하는 사람에게 부과하였다. 나딩스는 개인적인 배려를 통해서 배려를 필요로 하는 사람들이 갖고 있는 문제들을 해결해 줄 수 있다는 입장에서 개인적 차원의 배려 윤리의 의미와 중요성을 강조하고 있지만, 실제로 많은 경우 개인적인 배려만으로는 그러한 문제들을 해결하기 쉽지 않다.

실제로 여성들이 겪고 있는 성적 차별이나 억압뿐만 아니라 배려를 필요로 하는 사람들이 가지고 있는 문제들은 사회주의적 페미니즘에서 지적했던 것처럼 대부분 개인적 문제라기보다는 사회 구조적 문제들로서 개인적인 차원에서의 배려만으로는 해결하기 어려운 것들이다. 실질적으로 개인적 차원에서의 배려만으로는 가난이나 기아와 같은 사회적 문제를 근원적으로 해결하는 것이 불가능하다.[25] 그런데 배려 윤리에서는 이러한 문제점을 인식하지 못한 채 배려를 통해서 모든 문제들을 해결하려고 했을 뿐만 아니라 그 모든 책임을 배려하는 사람에게 전가시킴으로써 다른 여성주의 윤리학자들의 비판을 받게 되었던 것이다.

생산적인 과정과 함께 배려(care), 관심(concern), 연결(connection)이

---

25) A, Jaggar, op. cit., p. 197.

라는 3Cs를 중심으로 한 재생산적인 과정을 남녀 모두에게 함께 교육
함으로써 오늘날의 교육이 갖고 있는 편협성과 한계를 극복하고자 했
던 마틴(J. R. Martin)의 경우는, 길리간이나 나딩스와는 달리, 배려 윤
리가 여성적 윤리로 지속했던 이유를 사회 구조적 요인에서 찾고 있
다. 마틴은 남녀 모두에게 재생산적인 과정에 대한 교육을 하기 이전
에 먼저 재생산적 과정과 생산적 과정에 대한 가치를 동등하게 인식할
수 있도록 사회 구성원들의 가치 체계를 변혁시킬 것을 주장하였다.
왜냐하면 남녀 학생들에게 이러한 두 가지 과정을 모두 교육한다 할지
라도 생산적인 과정만을 중시하는 사회 구성원들의 가치 체계의 변혁
없이는 실질적인 효과를 거둘 수 없기 때문이다.

제6장

배려 윤리의 한국 도덕 교육에의 적용

1. 배려 윤리의 도덕 교육적 의의와 한계

　인지 도덕 발달론에서는 도덕 교육의 목표를 도덕적 판단 능력과 추론 능력의 발달로 설정하고 도덕적 지식과 원리의 습득과 체계화를 강조한다. 인지 발달론에 기초한 도덕 교육을 통해서 학생들의 합리적인 도덕적 판단 능력이나 도덕적 지식은 증대되었지만, 타인에 대한 배려나 동정, 사랑, 책임감 같은 도덕성의 정의적인 측면은 오히려 경시되었다. 인지 도덕 발달론에 기초한 도덕 교육은 합리적인 도덕적 추론 능력만을 지나치게 강조함으로써 자기 권리를 주장하고 확보하는 데에는 능하지만, 도덕적 감성이 부족하고 타인을 배려하고 도와주는 일에는 미숙한 사람을 낳게 되었다. 지나친 개인주의와 이기주의, 도덕적 무관심, 타인에 대한 배려와 관심 부족 등과 같은 도덕적 문제들을 드러내고 있는 우리 청소년들이 이러한 교육의 산물이라고 볼 수 있다. 도덕적 문제들의 원인을 전적으로 도덕과 교육의 책임으로만 돌릴 수는 없지만, 도덕과 교육도 이에 대한 책임에서 자유로울 수 없다. 왜냐하면 3차 교육 과정 이후 우리나라 도덕과 교육은 인지 도덕 발달 이론에 이론적 기초를 둠으로써 정의적인 측면보다는 인지적인 측면에 우선성을 두어 왔기 때문이다.

실제로 우리 도덕과 교육은 그 동안 인지 발달론에 기초하여 도덕적 판단 능력과 추론 능력을 지닌 합리적인 도덕적 인간의 양성이라는 목표에 치중해 왔다고 해도 과언이 아니다. 그 결과 합리적 판단 능력을 지닌 도덕적 인간을 양성하는 데는 어느 정도 기여했지만 도덕적 판단 능력과 함께 도덕적 정서와 감정을 함께 갖춘 통합적인 도덕적 인간의 양성에는 실패하였다. 이로 인하여 우리 도덕과 교육은 그 목표를 달성하기 위해 많은 노력을 해왔음에도 불구하고 오히려 부정적인 평가를 받고 있다. 극단적으로는 도덕과 무용론, 도덕과 폐지론 같은 비판까지 받고 있다.

이러한 상황에서 필자는, 배려 윤리가 기존의 도덕과 교육이 가지고 있던 문제점과 한계들을 극복할 수 있는 하나의 방법이라고 본다. 배려 윤리와 정의 윤리는 상호 배타적인 것이라기보다는 상호 의존적이고 보완적인 것으로서 상대편 윤리를 통해서 이론적 한계들을 보완하고 극복할 수 있는 불완전한 이론이다. 이 책에서는 이 점을 고려하여 배려 윤리와 정의 윤리를 하나의 포괄적인 윤리 안으로 통합해야 한다는 입장에서 배려 윤리를 도덕 교육적 관점에서 고찰하였다. 이러한 고찰을 통해서 배려 윤리가 도덕 교육에 주는 시사점을 다음과 같이 도출하였다.

첫째, 배려 윤리는 정의 윤리에서 간과했던 타인에 대한 배려, 연민,

동정심, 상호 의존성과 유대감, 도덕적 책임과 인간 관계 등을 중시함으로써 도덕적 정서와 감정의 중요성을 재인식할 수 있게 해주었다. 이러한 특성들은 우리 조상들이 중요한 전통적인 미덕과 덕목으로 보고 중시해 왔던 것인데, 서구의 개인주의적인 합리적 사고가 도입되면서 무시되고 극복해야 할 것으로 여겨지면서 등한시되었다. 이러한 관점에서 볼 때 배려 윤리는 바로 우리의 전통적인 덕목들이 지니는 도덕적 의미와 중요성을 새롭게 일깨워 주는 역할을 해주고 있다.

둘째, 배려 윤리는 여성의 역할과 특성에 대한 새로운 평가를 가져왔다. 즉 전통적으로 여성적 특성으로 간주되고 여성에게만 요구되는 것으로서 무시되고 낮게 평가되어 왔던 배려의 특성이나 덕성들을 새로운 도덕성으로 규정함으로써, 실질적으로 여성적 특성과 역할들이 갖는 의미와 중요성을 새롭게 인식할 수 있게 해주었다.

셋째, 배려 윤리는 도덕성이 정의의 관점뿐만 아니라 배려의 관점에 의해서도 정의될 수 있고, 두 가지 도덕적 관점은 대등하며 성과 연관이 있다고 보았다. 이처럼 배려 윤리는 도덕성을 정의와 함께 배려의 관점에서 포괄적으로 정의할 수 있게 해줌으로써 도덕성의 영역을 확대시켜 주었을 뿐만 아니라, 인간에 대한 총체적인 이해를 가능케 해주었다. 더 나아가 도덕성 함양을 목표로 하는 도덕과 교육의 영역도 함께 확대시켜 주었다.

넷째, 배려 윤리는 정의 윤리에 대한 비판에서 시작되었고, 정의 윤리와의 논쟁을 통해서 상대편 윤리의 장단점을 지적하고, 그 한계를 보완할 수 있게 해주었다. 또한 이 과정에서 두 윤리간의 상호 의존성과 불완전성을 밝혀냄으로써 두 윤리간의 통합의 필요성을 일깨워 주었다.

그러나 배려 윤리는 긍정적인 의미를 지니고 있으면서도 이론적 편협성과 성적 편견을 지니고 있으며, 도덕성의 정의적인 측면의 중요성만을 배타적으로 강조함으로써 도덕성의 인지적인 측면을 간과하는 문제점을 함께 지니고 있다. 정의 윤리나 배려 윤리는 중요한 도덕적 의미를 함축하고 있지만 하나의 완벽한 도덕 이론이라고 할 수는 없다. 두 윤리 모두 도덕성의 두 측면을 함께 포괄하지 못하고 있기 때문이다. 도덕과 교육은 도덕적 인간의 양성을 목표로 하고, 도덕적 인간의 유형은 도덕성을 어떻게 정의하느냐에 따라서 결정된다. 그러므로 도덕적 인간을 정의와 배려를 함께 갖춘 사람으로 정의하기 위해서는 먼저 두 관점을 포괄할 수 있는 통합적인 관점에서 도덕성을 정의해야 한다.

2. 배려 윤리를 반영한 도덕과 교육의 방향

7차 도덕과 교육 과정상의 도덕과 교육 목표를 살펴보면 지난 3-6차 교육 과정 때처럼 정의 도덕성 중심으로 목표가 설정되어 있음을 볼 수 있다. 이러한 특성은 7차 도덕과 교육 과정의 개정 근거 부분에서 밝히고 있는 '도덕과 교육의 성격 및 목표'에서 드러나고 있다. 7차 도덕과 교육 과정의 '개정의 근거' 부분을 살펴보면 도덕과의 목표는 최근 대두되고 있는 인격 교육 내지 덕 교육의 이론을 반영하여 궁극적으로 학생들의 바람직한 도덕적 덕성을 형성하는 데 그 궁극적인 지향점을 두고 있다고 한다.[1] 또한 하위 목표로서 인지적 측면에서는 우리 사회의 기본적인 예절과 중요한 도덕적 가치 규범을 합리적으로 이해하여 내면화를 촉진하는 일과 도덕적 사고, 판단력을 기르는 일을, 정의적 측면에서는 도덕적 가치, 규범을 존중하고 소중히 하며, 그 가치 규범으로부터 오는 당위적 명령을 의무로 받아들여 기꺼이 따르고자 하는 도덕적 심정과 태도를 기르는 일을, 그리고 행동적 측면에서는 도덕적 가치, 규범을 일상 생활 속에서 꾸준히 실천하고 습관화하도록 하는 일을 초점화하는 데 목표가 있다는 것을 구체적으로 밝히고 있다.

도덕적 가치나 규범에 대한 지적인 이해와 내면화, 그리고 도덕적 사고와 판단 능력의 고양, 이러한 도덕적 규범과 원리 및 규칙에 대한 존중과 헌신, 그리고 이러한 규범과 원리의 습관화, 행동화로 제시되고 있는 우리나라 도덕과 교육의 목표는 도덕성의 인지, 정의, 행동적인 측면을 통합적으로 제시해 주고 있긴 하지만, 여기서 강조하는 도덕성은 추상적인 도덕 원리나 규칙에 근거한 정의 도덕성에 주로 국한되어 있다. 구체적인 맥락이나 상황 또는 개인적 특수성을 중시하고, 도덕 규범이나 원리보다 인간 관계나 책임, 배려를 더 중시 여기는 배려의 도덕성은 배제된 채 정의 도덕성의 발달만을 강조하고 있다. 다시 말하면 도덕성이 정의와 배려의 두 도덕성으로 구성된다고 했을 때, 우리 도덕과 교육의 목표에서는 배려의 도덕성은 배제한 채 정의 도덕성을 인지, 정의, 행동적인 차원에서 통합적으로 발달시키는 것을 핵심 목표로 삼고 있다.

이렇게 배려의 도덕성을 배제한 채 배타적으로 정의의 도덕성의 관

---

1) 서울대학교 도덕과 개정연구위원회, 『제7차 초·중·고 도덕과 교육과정 개정 연구』(서울대학교 도덕과 개정연구위원회, 1997), p. 25.

점에 기초한 도덕과 교육만으로는 바람직하고 합리적인 판단 능력과 문제 해결 능력을 지니면서도 타인에 대한 배려와 사랑, 감수성을 지닌 따뜻한 도덕적 정서와 감정을 지닌 도덕적 인간을 기대하기 어렵다. 배타적으로 정의의 도덕성만을 편협하게 발달시키게 된다면 도덕적 원리나 규칙에 얽매이고 구속되어 도덕 규칙의 준수만을 도덕적 의무로 인식함으로써 타인의 특수한 사정이나 입장들을 고려할 수 없을 뿐만 아니라 도움과 배려를 필요로 하는 사람을 외면할 염려가 있다. 또한 타인에 대한 사랑이나 배려, 도덕적 감수성, 관심이나 염려, 동정심과 같은 배려의 도덕성 측면을 비합리적인 것으로 등한시하고, 이로 인해서 도덕적 무관심과 개인주의적이고 이기주의적인 풍조를 정당화할 우려가 있다. 이처럼 도덕과 교육의 목표를 정의 도덕성의 관점에서만 규정한다면 합리적이고 독립적이고 이성적인 도덕적 행위자를 기대할 수는 있지만, 다른 사람들과 사랑과 배려를 공유하면서 원만한 인간 관계를 유지할 수 있고, 자신의 권리보다는 타인에 대한 책임감을 먼저 생각하면서 타인의 어려움에 응답해 줄 수 있는 훈훈한 인정과 따뜻한 가슴, 즉 도덕적 감수성을 지닌 사람은 기대하기 어려울 것이다.

인지 도덕 교육론이 안고 있는 이러한 한계와 문제점을 극복할 수 있는 대안으로 제시해 볼 수 있는 것이 바로 배려 윤리이다. 타인에 대한 사랑과 배려, 애착과 책임감, 희생과 봉사, 상호 연관성과 인간 관계 등을 도덕성의 요소로 중시하는 배려 윤리는 인지 도덕성에 기초한 도덕 교육이 가져온 지나친 개인주의와 이기주의, 도덕적 무관심, 타인에 대한 배려의 부족, 개인간의 고립과 단절, 소외 등의 문제를 해결해 줄 수 있는 하나의 대안이 될 수 있을 것이다.

그렇다고 해서 도덕과 교육의 목표를 배려의 도덕성의 관점에서만 설정한다면, 지나치게 정실이나 인정에 치우치게 되어 공정성과 객관성을 상실하게 될 뿐만 아니라 도덕을 자의적으로 해석하게 되어 도덕적 혼란과 무질서를 야기할 위험이 있다. 또한 배려의 도덕성만을 강조하게 되면 도덕적 책임을 친밀한 관계에만 한정시키게 되어 가족들이나 친구들은 배려할 수 있지만 이러한 한정된 영역 밖에 있는 다른 사람들의 요구는 무시할 염려가 있다. 이와 함께 도덕적 책임간의 갈등이나 지나친 배려, 잘못된 배려를 규제할 장치를 갖지 못하게 된다. 이렇게 배려의 도덕성만을 발달시키게 되면, 항상 자신보다 타인을 먼저 배려하고, 자신의 삶을 배제한 채 타인 지향적인 삶을 추구하게 되어 지나친 자기 희생을 가져올 수 있을 뿐만 아니라 역으로 자신이 배려해 준 사람에게 너무 많을 것을 기대하거나 지나치게 의존할 염려가 있다.

이처럼 정의와 배려 중 어느 한쪽의 도덕성에 국한해서 도덕과 교육의 목표를 설정하게 될 때 기대할 수 있는 도덕적 인간은 불완전한 도덕적 행위자에 불과할 것이다. 따라서 이성과 감성, 정의와 배려, 권리와 책임의 도덕성을 균형 있게 겸비한 이상적인 도덕적 인간을 기대하기 위해서는 도덕과 교육의 목표 안에 그 동안 강조해 왔던 정의 도덕성의 관점뿐만 아니라 배려 도덕성의 관점을 함께 반영할 필요가 있다. 바로 정의와 배려의 도덕성을 함께 겸비한 사람을 도덕적 인간으로 정의하고 도덕과 교육의 목표 안에 이러한 도덕적 인간의 특성과 성향을 구체화시킬 필요가 있다. 곧 정의의 도덕성과 함께 배려의 도덕성을 포함할 수 있도록 도덕과 교육의 목표를 설정하고, 목표를 기술할 때도 정의와 배려의 도덕성이 명확히 포함될 수 있도록 해야 할 것이다.

이와 함께 도덕과 교육의 목표를 달성하기 위해서는 도덕과 교육의 내용도 정의와 배려의 도덕성을 발달시킬 수 있는 내용을 균등하게 포함하도록 재구성할 필요가 있다. 즉 도덕적 판단 능력이나 합리적 선택 능력을 발달시키기 위한 도덕적 지식이나 원리를 강조하는 내용뿐만 아니라, 배려를 포함한 도덕적 정서나 감정을 발달시켜 줄 수 있는 내용도 함께 포함할 수 있도록 교육 과정 및 교과서 내용 체계를 재구성해야 할 것이다.

이러한 도덕과 교육 목표를 달성하기 위해서는 교육 내용의 재구성과 함께 배려 윤리에서 제안한 교육 방식을 도입할 필요가 있다. 배려 윤리에서 제안하고 있는 교육 방법들 중 우리나라의 도덕과에 적용할 수 있는 것들로는 다음과 같은 것들을 들 수 있다. 즉 봉사 활동, 협동 학습, 학급 담임 또는 교과 담임을 3년 이상 연임시키기, 교사와 학생 간의 지속적인 접촉과 도덕적 대화를 통한 도덕 교육, 교사의 모범을 통한 도덕 교육, 이야기를 통한 도덕 교육 방법 등이다. 이러한 방법들은 공통적으로 교사와 학생간의 친밀하고 신뢰하는 인간 관계를 전제로 하고 있다. 따라서 배려 윤리에 기초한 도덕 교육 방법이 실질적인 효과를 거두기 위해서는 무엇보다도 학교 구조 자체를 친밀감과 신뢰감을 토대로 서로 배려하고 배려 받을 수 있는 경험의 장으로 만들어야만 한다.

이처럼 정의와 배려의 도덕성을 함께 통합적으로 발달시킨 도덕적 인간의 양성을 도덕 교육의 목표로 설정하고, 이에 상응하는 교육 내용의 재구성과 교육 방법의 변화가 가능할 때 우리는 오늘날의 도덕과 교육의 문제점으로 제기되고 있는 도덕적 지식과 원리 중심의 편협한 교육에서 벗어나 도덕성의 인지적인 측면과 정의적 측면의 통합, 즉 정의와 배려의 도덕성을 통합한 도덕 교육을 실현할 수 있게 될 것이다. 통합적인 도덕성 교육을 통해서 우리는 도덕적 무관심, 이기주의, 서로간의 단절과 소외 등과 같은 오늘날의 도덕적 문제들을 극복할 수 있을 뿐만 아니라 인간에 대한 사랑과 동정심을 가지며, 타인에 대한 희생과 헌신 그리고 정의로운 배려를 실천하는 도덕적 인간을 함께 기대해 볼 수 있을 것이다.

■ 참고 문헌

교육부, 고등학교 교육 과정『윤리』(서울: 대한교과서주식회사, 1992).

_____, 중학교 교육 과정『도덕』(서울: 대한교과서주식회사, 1992).

_____,『초·중등학교 교육과정: 국민공통기본교육과정』, 교육부고시 제 1997-15호(서울: 대한교과서주식회사, 1997).

_____,『도덕과 교육과정』, 교육부고시 제1997-15호(서울: 대한교과서주식 회사, 1998).

김영희,『여성학 강의』(서울: 동녘, 1994).

김정금,「도덕교육에서의 정의와 배려의 도덕성」, 한국교육철학회,『교육철 학』, 제12집, 1995.

남인숙,『왜 여성학인가』(서울: 학문사, 1996).

박병기·추병완,『윤리학과 도덕교육 1』(서울: 인간사랑, 1996).

박병춘,「보살핌윤리의 도덕교육적 접근연구」, 서울대학교 대학원 박사학 위논문, 1999.

_____,「나딩스의 배려윤리와 도덕교육」, 한국도덕윤리과교육학회,『도덕 윤리과교육』제9호, 1998.

_____,「도덕교육에서의 도덕적 성숙의 근거연구 ─ 길리간의 보살핌의 이론을 중심으로」, 서울대학교 대학원 석사학위논문, 1995.

서울대학교 도덕과 교육과정개정 연구위원회,『제7차 초·중·고등학교 도 덕과 교육과정 개정 연구』(서울: 서울대학교 도덕과 교육과정 개정 연구위원회, 1997).

손승희,「여성의 경험에서 시작한다」,『기독교사상』(서울: 대한기독교서회, 1997년 3월호).

_____,「아가페와 여성윤리」,『기독교사상』(서울: 대한기독교서회, 1997년 4월호).

_____, 「여성의 도덕성」, 『기독교사상』(서울: 대한기독교서회, 1997년 5월
호).

_____, 「돌봄과 길리건의 여성윤리」, 『기독교사상』(서울: 대한기독교서회,
1997, 6월호).

신옥희, 「한국 여성의 삶의 맥락에서 본 여성주의 윤리학」, 여성학회 제14
차 춘계학술대회자료집, 1998. 6.

안인희, 『에밀』(서울: 서원, 1990).

이구슬, 「여성해방론에서의 성차의 문제」, 백종현 외, 『사회철학대계 5: 현
대문화와 사회철학』(서울: 민음사, 1998).

이나현, 「배려의 윤리적 관점에서 분석한 도덕판단 지향성 연구」, 고려대학
교 박사학위청구논문, 1998.

이돈희, 「도덕교육원론」(서울: 교육과학사, 1995).

이숙인, 「원시 유가의 관계성 윤리에 대한 여성주의적 해석」, 여성학회 제
14차 춘계학술대회자료집, 1998. 6.

이영문, 『도덕과 교육』(서울: 형설출판사, 1999)

장필화, 「여성주의 윤리학: 보살핌의 윤리를 중심으로」, 『여성신학논집』(서
울: 이화여자대학교 여성신학연구소), 1995.

추병완, 「길리간의 도덕발달이론에 대한 재조명」, 한국도덕윤리과교육학회,
『도덕윤리과교육』, 제9호, 1998.

콜버그, 김봉소·김민남 역, 『도덕발달의 철학』(서울: 교육과학사, 1985).

플라톤, 박종현 역, 『국가·정체』(서울: 서광사, 1997).

허라금, 「윤리이론적 전통에서 본 여성주의 윤리학」, 『여성신학논집』(서울:
이화여자대학교 여성신학연구소, 1993).

허란주, 「정의의 입장에 대한 페미니즘의 도전: 도덕적 성숙에 대한 논쟁」,
차인석 외, 『사회철학대계 3』(서울: 민음사. 1993).

_____, 「정의론과 페미니즘적 대안」, 『현대사회와 정의』(서울: 그리스도교
철학연구소, 1995).

Andolsen, B. H & Gudorf C. E. & Pellauer M. D., *Women's Consciousness,*

Women's Conscience: A Reader in Feminist Ethics(San Francisco: Harper & Row, 1987).

Andrew, B. S., "A Feminist ethic of Freedom and Care," The State University of New York Stony Brook, ProQuest-Dissertation, AAC 9737608.

Baier, A., "Trust and Antitrust," *Ethics* 96, January, 1986.

_____, "Hume: The Women's Moral Theorist?," Kittay and Meyers(eds.) *Women and Moral Theory*(N. J.: Rowman & Littlefield, 1987).

_____, *Moral Prejudices: Essays on Ethics*(Cambridge: Harvard University Press, 1994).

_____, "A Note on Justice, Care, and Immigration Polity," *Hypatia* 10 (Spring), 1995.

Bailey, C., "Kohlberg on Morality and Feeling," Sohan and Celia Modgil(eds.), *Lawrence Kohlberg: Consensus and Controversy*(Philadelphia and London: The Falmer Press, 1986).

Beauvoir, S., *The Second Sex*(N. Y.: Vintage. 1952).

Bebeau M. J. & Brabeck M. M., "Integrating Care and Justice Issues in Professional Moral Education: A Gender Perspective," *Journal of Moral Education* V. 16, 1987.

Becker, L. & Becker, C.(eds.), *Encyclopedia of Ethics*(N. Y.: Garland Press, 1992).

Benhabib, S., "The Generalized and the Concrete Other," Kittay and Meyers(eds.), *Women and Moral Theory*(N. J.: Rowman & Littlefield, 1987).

_____, *Situating the Self*(N. Y.: Routledge, 1992).

Blum, L., Friendship, *Altruism and Morality*(London: Routledge, 1980).

_____, "Care," Becker(ed.), *Encylopedia of Ethics*(N. Y.: Garland Publishing, Inc., 1992).

_____, "Gilligan and Kohlberg: Implications for Moral Theory," Larrabee(ed.), *An Ethic of Care*(N. Y.: Routledge, 1993).

Brabeck, M. "Moral Judgement: Theory and Research on Differences between Males and Females," Larbee, M. J.(ed.), *An Ethics Of Care: Feminist and Interdisciplinary Perspectives*(N. Y.: Routledge, 1993).

Brabeck, M. M.(ed.), *Who Cares? Theory, Research, and Educational Implications of the Ethics of Care*(N. Y.: Praeger, 1989).

Broughton, J. M., "Women's Rationality and Men's Virtues," Larrabee(ed.) *An Ethic of Care*(N. Y.: Routledge, 1993).

Brown, L. M. & Tappan, C., Collegy C., and Gilligan C., "Listening to Different Voice," W. M. Kurtines and J. L. Gewirtz(eds.), *Moral Development: An Introduction*(Boston: Allyn and Bacon, 1995).

Brown, L. & Gilligan, C., *Meeting at the crossroads: Women's psychology and Girls' development*(Cambridge: Harvard University Press, 1992).

Bubeck, D. E., *Care, Gender, and Justice*(Oxford: Clarendon Press, 1995).

Calhoun, C., "Justice, Care, Gender Bias," *Journal of Philosophy* 85, 1988.

Card, C.(ed.), "Caring and Evil," *Hypatia* 5(Spring), 1990.

_____, "Women's Voices and Ethical Ideals: Must We Mean What We Say?," Ethics 99, October, 1990.

_____(ed.), *Feminist Ethics*(K. A.: University Press of Kansas, 1991).

Chazan, B., *Contemporary Approaches to Moral Education*(Teachers College Press, 1985).

Chodorow, N., *The Reproduction of Mothering*(Berkeley: University of California Press, 1978).

_____, *Feminism and Psychoanalytic thinking*(N. H.: Yale University Press, 1989).

Clement G., Care, *Autonomy, and Justice*(Colorado: Westview Press, 1996).

Code, L., "Second Persons," Hanen and Nielsen, *Science, Morality and Feminist Theory*(Calgary: University of Calgary Press, 1987).

Code, L. & Sheila M. & Christine O.(eds.), *Feminist Perspectives: Philosophical Essays on Method and Morals*(Toronto: University of Toronto Press,

1988).

Cole, E. B. & Coultrap-McQuin(eds.), *Explorations in Feminist Ethics*(Bloomington: Indiana University Press, 1992).

Davion, V., "Pacifism and Care," *Hypatia* 5(Spring), 1990.

Day, J. M. & Tappan, M. B, "The Narrative Approach to Moral Development: From the Epistemic Subject to Dialogical Selves," *Human Development* 39, 1996.

Demarco, J. P., *Moral Theory: A Contemporary Overview*(Boston: Jones and Bartlett Publishers, 1986).

Dillon, R., "Care and Respect," Cole and Coultrap-McGuin(ed.), *Explorations in Feminist Ethics*(Bloomington: Indiana University Press, 1992).

Eaker-Rich D. & Galen J. V.(eds.), *Caring in An Unjust World*(N. Y.: State University of New York Press, 1996).

Exdell, J., "Ethics, Ideology, and Feminine Virtue," Hanen and Nielsen(eds.), *Science, Morality, and Feminism*(Calgary: University of Calgary Press, 1987).

Ferguson, A., "A Feminist Aspect Theory of the Self," Hanen and Nielsen(eds.), *Science, Morality and Feminism*(Calgary: University of Calgary Press, 1987).

Fisher, B. & Tronto J., "Toward a Feminist Theory of Caring," E. K. Abel & M. K. Nelson, *Circle of Care: Work and Identity in Women's Lives*(N. Y.: State University of New York Press, 1981).

Flanagan, O., "Virtue, Sex and Gender," *Ethics* 92(April), 1982.

Flanagan, O. & Adler, J. E. "Impartiality and Particularity," *Social Research* 50, 1983.

Flanagan, O. & Jackson, K., "Justice, Care, and Gender: The Kohlberg-Gilligan Debate Revisited," Larrabee(ed.), *An Ethic of Care* (N. Y.: Routledge, 1993).

Freud, S., *Sexuality and the Psychology of Love*(N. Y.: Collier Books, 1968).

Friedmann M., "Autonomy and the Split-Level Self," *The Southern Journal of Philosophy* XXIV, 1986.

_____, "Care and Context in Moral Reasoning," Kittay and Meyers(ed.) *Women and Moral Theory*(N. J.: Rowman & Littlefield, 1987).

_____, "The Social Self and the Partiality Debates," Card(ed.), *Feminist Ethics*(K. A.: University Press of Kansas, 1991).

_____, "Beyond Caring: The De-Moralization of Gender," Larrabee(ed.), *An Ethic of Care*(N. Y.: Routledge, 1993).

Garrod, A.(ed.), *Learning for Life: Moral Education Theory and Practice*(London: Praeger, 1992).

_____, *Approaches to Moral Development*(New York: Teachers College Press, 1993).

Garrod A. & Beal, C., "Voice of Care and Justice in Children's Responses to Fable Dilemmas," Garrod, A.(ed.), *Approaches to Moral Development* (N. Y.: Teachers College Press, 1993).

Gilligan, C., *In a Different Voice: Psychological Theory and Women's Development* (Cambridge: Harvard University Press, 1982), 허란주 역, 『다른 목소리로: 심리이론과 여성발달』(서울: 동녘, 1997).

_____, "Moral Orientation and Moral Development," Kittay and Meyers(ed.) *Women and Moral Theory*(N. J.: Rowman & Littlefield, 1987).

_____, "Remapping the Moral Domain: New Images of the Self in Relationship," Heller et al.(eds.), *Reconstructing Individualism: Autonomy, Individuality and the Self in Western Thought*(Stanford: Stanford University Press, 1988).

_____, "Reply," *Signs* 11, 1986.

_____, "Moral Orientation and Moral Development," E. Kitty & D. Meyers(eds.), *Women and Moral Theory*(N. J.: Rowman and Littlefield, 1987).

_____, "Exit-voice Dillemas in Adolescent Development," J. V. Ward and J. M. Taylor(eds.), *Mapping The Moral Domain*(Cambridge: Harvard University Press, 1988).

_____, "Adolescent Development Reconsidered," Gilligan, C., Ward, J. V., and Taylor J. M.(eds.), *Mapping The Moral Domain*(Cambridge: Harvard University Press, 1988).

_____, "Joining the Resistance: Psychology, Politics, Girls, and Women," *Michigan Quarterly Review*, 24(9), 1990.

_____, "Hearing the Difference: Theorizing Connection," *Hypatia* 10 (Spring) 1995.

Gilligan, C. & Attanucci, J., "Two Moral Orientation," J. V. Ward and J. M. Taylor(eds.), *Mapping The Moral Domain*(Cambridge: Harvard University Press, 1988).

Gilligan, C., Rogers A. G. & Tolman D. L.(eds.), *Women, Girls & Psychotherapy*(N. Y.: The Haworth Press, 1991).

Gilligan, C. & Wiggins, G., "The Origin of Morality in Early Childhood Relationships," C. Gilligan, J. V. Ward, and J. M. Taylor(eds.), *Mapping The Moral Domain*(Cambridge: Harvard University Press, 1988).

Gilligan, C., Brown, L., Rogers, A., "Psyche Embedded: A place for body, relationship, and culture in personality theory," Rabin et. al(eds.), *Studying persons and lives*(N. Y.: Springer, 1989).

Gilligan, C., Ward, J. V. and Taylor J. M.(eds.), *Mapping The Moral Domain* (Cambridge: Harvard University Press, 1988).

Gilligan C., Lyons, N. P. & Hanmer T. J., *Making Connection*(Cambridge: Harvard University Press, 1990).

Graham, H., "Caring: A Labour of Love," Finch and Groves(eds.), *A Labour of Love: Women, Work and Caring*(London: Routledge and Kegan Paul, 1983).

Greeno, C. and Maccoby, E., "How Different is the 'Different Voice?' Larrabee(ed.), *An Ethic of Care*(N. Y.: Routledge, 1993).

Grimshaw, J., *Philosophy and Feminist Thinking*(Minneapolis: University of Minnesota Press, 1986).

Hall, R. T. & Davis, J. U., *Moral education in theory and practice*(Prometheus Books, 1975).

Hanen, M. and Nielsen, K.(eds), *Science, Morality and Feminist Theory*(Calgary: University of Calgary Press, 1987).

Harding, S., "The Curious Coincidence of Feminine and African Moralities," Kittay and Meyers(ed.), *Women and Moral Theory*(N. J.: Rowman & Littlefield, 1987).

Held, V., "Feminism and Moral Theory," Kittay and Meyers(ed.) *Women and Moral Theory*(N. J.: Rowman & Littlefield, 1987).

_____, "Non-contractual Society," M. Hanen & K. Nielsen(eds), *Science, Morality and Feminism*(Calgary: University of Calgary Press, 1987).

_____, *Feminist Morality: Transforming Culture, Society, and Politics*(Chicago: The University of Chicago Press, 1993)

_____, "The Meshing of Care and Justice," *Hypatia* 10(Spring), 1995.

_____, *Justice and Care: Essential Readings in Feminist Ethics*(Colorado: Westview Press. 1995).

Herkman S. J., *Moral Voices, Moral Selves: Carol Gilligan and Feminist Moral Theory*(Oxford: Polity Press, 1995).

Hersh, R. H., *Promoting Moral Grought*(N. Y.: Longman Inc., 1979).

Heslep, R. A., *Moral Education for Americans*(London: Praeger, 1995).

Higgins, A., "A Feminist Perspective on Moral Education," *Journal of Moral Education*, Vol. 16, No. 3, Oct., 1987.

Hill, T., "The Importance of Autonomy," Kittay and Meyers(ed.), *Women and Moral Theory*(N. J: Rowman & Littlefield, 1987).

Hoagland, S. L., "Some Concerns about Nel Noddings' Caring," *Hypatia*

5(1), Spring, 1990.

_____, "Some Thought about Caring," Claudia Card(ed.), *Feminist Ethics*(K. A.: University Press of Kansas, 1991).

Hooft, S., *Caring: An Essay in the Philosophy of Ethics*(Colorado: University Press of Colorado, 1995).

Houston, B., "Rescuing Womanly Virtues," Hanen and Nielsen(eds.), *Science, Morality, and Feminism*(Calgary: University of Calgary Press, 1987).

_____, "Gilligan and the Politics of a Distinctive Women's Morality," Code, Mullett, and Overall(eds.), *Feminist Perspectives*(Toronto: University of Toronto Press, 1988).

_____, "Prolegomena to Future Caring," Brabeck(ed.), *Who Cares?*(N. Y.: Praeger, 1989).

_____, "Caring and Exploitation," *Hypatia* 5(1), Spring, 1990.

Jaggar, A., "Feminist Ethics: Projects, Problems, Prospects," Card(ed.), *Feminist Ethics*(K. A.: University Press of Kansas, 1991).

_____, "Introduction: Living with Contradictions," Jaggar(ed.), *Living with Contradictions: Controversies in Feminist Social Ethics*(C. O.: Westview Press, 1994).

_____, "Caring as a Feminist Practice of Moral Reason," Held(ed.), *Justice and Care: Essential Readings*(C. O.: Westview Press, 1995).

_____, "Feminist Ethics," Becker, L. & C. Becker(eds.), *Encyclopedia of Ethics*(N. Y.: Garland Press, 1992).

Jaggar, A. & Paula, R.(ed), *Feminist Framework—Alternative Theoretical Accounts of the Relations between Women and Men*(N. Y.: McGraw-Hill Book Co., 1978), 신인령 역, 『여성해방의 이론체계』(서울: 풀빛, 1983).

Joan, "Deconstructing Equality-Versus-Difference," *Feminist Studies* 14 (Spring).

Johnston, D. K., "Adolescent Solutions to Dilemmas in Fables," C. Gilligan, J. V. Ward, and J. M. Taylor(eds.), *Mapping The Moral Domain*

(Cambridge: Harvard University Press, 1988).

Kerber, L., Green, C., Maccoby, E., Luria, Z., Stack, C., and Gilligan, C., "In A Different Voice: An Interdisciplinary Forum," *Signs* 11, 1986.

Kittay, E. F. & Meyers, D. T.(eds.), *Woman and Moral Theory*(N. J.: Rowman & Littlefield, 1987).

Koehn, D., *Rethinking Feminist Ethics: Care, Trust and Empathy*(N. Y.: Routledge, 1998).

Kohlberg, L., "Educating for Justice: A Modern Statement of the Platonic View," Sizer & Sizer(eds.), *Moral education*(Cambridge: Harvard University Press, 1970).

_____, *The Philosophy of Moral Development*(Harper and Row, 1981), 김민남 역, 『도덕발달의 철학』(서울: 교육과학사, 1985).

_____, "A Reply to Owen Flanagan and Some Comments on the Puka-Goodpaster Exchange," *Ethics* 92, 1982.

_____, *Essays on Moral Development. Vol. 2: The Psychology of Moral Development*(N. Y.: Harper & Row, 1984).

_____, "The Just Community in Theory and Practice," M. Berkowitz & F. Oser(eds.), *Moral Education Theory and Application*(N. J.: Lawrence Erlbaum Associates, 1985).

Kohlberg, L., Charles Levine and Alexandra Hewer. "The Current Formulation of the Theory," *The Psychology of Moral Development: The Nature and Validity of Moral Stages*(N. Y.: Harper & Row, 1984).

Kohlberg, L. & Turiel, F., "Moral Development and Moral Education," G. Lesser(ed.), *Psychology and Educational Practice*(Chicago: Scott Foresman, 1971).

Kroeger-Mappes, "The Ethic of Care vis-a-vis the Ethic of Rights: A Problem for Contemporary Moral Theory," *Hypatia* 9(Summer), 1994.

Kurtines, W. M. & Gewirtz, J. L.(ed.), *Handbook of Moral Behavior and Development*(N. J.: Lawrence Erlbaum Associates, Publishers, 1991).

_____, *Moral Development: An Introduction*(Boston: Allyn and Bacon, 1995).

Land, H., "Who Cares for the Family?," *Journal of Social Policy* 7(July), 1978.

Lapsley, D. K., *Moral psychology*(Colorado: Westview Press, 1996).

Larrabee, M. J.(ed.), *An Ethics Of Care: Feminist and Interdisciplinary Perspectives* (N. Y.: Routledge, 1993).

Lickona, T., *Raising Good Children*(Bantam Books, 1983), 정세구 역, 『자녀와 학생을 올바르게 기르기 위한 도덕교육』(서울: 교육과학사, 1994).

_____, *Educating for Character*(N. Y. Bantam Books, 1991).

Lyons N. P., "Two Perspectives: On Self, Relationships, and Morality," *Harvard Educational Review*, Vol. 53, No. 2, May, 1983.

Manning, R. C., *Speaking From The Heart: A Feminist Perspective on Ethics* (Maryland: Rowman & Littlefield, 1992)

Martin, J. R., *Reclaiming a Conversation*(N. H. & London: Yale University Press, 1985).

_____, "Transforming Moral Education," *Journal of Moral Education*, V. 16, No. 3, October, 1987.

Mayeroff, M., *On Caring*(N. Y.: Harper & Row, 1971).

Meyers, D., "The Socialized Individual and Individual Autonomy," Kittay and Meyers(ed.), *Women and Moral Theory*(N. J.: Rowman & Littlefield, 1987).

Miller, J. B., *Toward a New Psychology of Women*(Boston: Beacon Press, 1986).

Minow, M., *Making All the Difference*(Cambridge: Harvard University Press, 1991).

Mood-Adams, Michele M., "Gender and the Complexity of Moral Voices," Claudia Card(ed.), *Feminist Ethics*(Calgary: University of Calgary Press, 1991).

Mullett, S., "Shifting Perspectives: A New Approach to Ethics," Code, Mullett, and Overall(eds.), *Feminist Perspectives*(Toronto: University of Toronto Press, 1988).

Narayan, U., "Colonialism and Its Others: Considerations on Rights and Care Discourses," *Hypatia* 10(Spring), 1995.

Noddings, N., *Caring: Feminine Approach To Ethics & Moral Education*(L. A.: University of California Press, 1984).

_____, "Educating for Moral People," M. M. Brabeck(ed.), *Who Cares? Theory, Research, and Educational Implications of the Ethics of Care*(N. Y.: Praeger, 1989).

_____, *Women and Evil*(L. A.: University of California Press, 1989).

_____, "A Response," *Hypatia* 5(Spring), 1990.

_____, "Ethics form the Standpoint of Women," D. Rhode(ed.), *Theoretical Perspectives on Sexual Difference*(N. H.: Yale University Press, 1990).

_____, "The Alleged Parochialism of Caring," *APA Newsletter on Feminism and Philosophy* 90(Winter), 1991.

_____, *The Challenge to Care in Schools: An Alternative Approach to Education*(N. Y.: Teachers College Press, 1992).

_____, *Education for Intelligent Belief or Unbelief*(N. Y.: Teachers College Press, 1993).

_____, "Conversation as Moral Education," *Journal of Moral Education*, V. 23(2), 1994.

_____, "An Ethic of Caring and Its Implification for Instructional Arrangements," Stone L.(ed), *The Education Feminism Reader*(N. Y.: Routledge, 1994).

_____, *Philosophy of Education*(Colorado: Westview Press, 1995).

Nucci, L. P., *Moral Development and Character Education*(McCutchan Publishing Corporation, 1989).

Nunner-Winkler, G., "Two Moralities?" Larrabee(ed.), *An Ethic of Care*(N. Y.: Routledge, 1993).

Okin, S. M., "Reason and Feeling in Thinking about Justice," *Ethics* 99,

1989.

_____, *Justice, Gender, and the Family*(N. Y.: Basic Books, 1989).

_____, "Thinking like a Woman," Rhode(ed.), *Theoretical Perspectives on Sexual Difference*(N. H.: Yale University Press, 1990).

_____, "Gender, the Public and the Private," Held(ed.), *Political Theory Today*(Stanford: Stanford University Press, 1991).

Pateman, C., "Feminist Critiques of the Public/Private Dichotomy," Anne Phillips(ed.), *Feminism and Equality*(Oxford: Basil Blackwell, 1987).

Piaget, J., *The Moral Judgment of the Child*(London: Routledge & Kegan Paul Ltd., 1932).

Pieper, A., *Einfülung in die Ethik*(Tübingen: Francke Verlag, 1991), 진교훈 · 류지한 역, 『현대윤리학입문』(서울: 철학과 현실사, 1999).

Pollitt, K., "Are Women Morally Superior to Men?," *The Nation*, 1992.

Prillman, A. R., Eaker D. J., Kendrick D. M.(eds), *The Tapestry of Caring: Education as Nurturance*(N. J.: Ablex Publishing Corporation, 1994).

Puka, B.(ed.), *Caring Voices and Women's Moral Frames: Gilligan's View*(N. Y.: Garland Publishing, 1994).

_____, "The Liberation of Caring: A Different Voice for Gilligan's 'Different voice,'" *Hypatia* 5(Spring), 1990.

Rhode, D. R.(eds.), *Theoretical Perspectives on Sexual Difference*(N. Y.: Vale-Ballou Press, 1990).

Rich, J. M., "Morality, Reason and Emotions," S. Modigil & C. Modigil(eds.), *Lawrence Kohlberg: Consensus and Controversy*(Philadelphia and London: The Falmer Press, 1986).

Robb, C. S., "A Frame Work for Feminist Erhics," Andolsen, B. H., Gudorf, C. E., Pellauer, M. D.(ed), *Women's Consciousness, Women's Conscience: A Reader in Feminist Ethics*(San Francisco: Harper & Row, 1987).

Romain, D., "Care and Confusion," Cole and Coultrap-McQuin(eds.), *Explorations in Feminist Ethics*(Bloomington: Indiana University Press,

1992).

Ruddick, S., "Maternal Thinking," Trebilcot(ed.), *Mothering*(N. J.: Rowman and Allenheld, 1983).

_____, *Maternal Thinking: Toward a Politics of Peace*(Boston: Beacon Press, 1989).

Sacks, K. B., "Does It Pay to Care?," Abel and Nelson(ed.), *Circles of Care* (Albany: SUNY Press, 1996).

Sandel, Michael, *Liberalism and the Limits of Justice*(Cambridge: Cambridge University Press, 1982).

Sandin, R. T., *The Rehabilitation of Virtue*(N. Y.: Praeger, 1992).

Scheman, N., "Individualism and the Objects of Psychology," S. Harding and B. Merrill(eds.), *Discovering Reality*(Boston: D. Reidel Publishing Scott, 1983).

Sher, G., "Other Voices, Other Rooms? Women's Psychology and Moral Theory," Kittay and Meyers(ed.), *Women and Moral Theory*(N. J.: Rowman & Littlefield, 1987).

Shogan, D., *Care and Moral Motivation*(Ontario: OISE Press, 1988).

Sichel B. A., *Moral education: Character, Community and Ideals*(Philadelphia: Temple University Press, 1988).

_____, "Different Strains and Strands: Feminist Contributions to Ethical Theory," *Newsletter on Feminism* 90, No. 2, Winter 1991.

Siegel, H., "Using Psychology to Justify Judgment of Moral Adequacy," S. Modigil & C. Modigil(eds.), *Lawrence Kohlberg: Consensus and Controversy*(Philadelphia and London: The Falmer Press, 1986).

Stack, C. B., "The Culture of Gender: Women and Men of Color," Larrabee(ed.), *An Ethic of Care*(N. Y.: Routledge, 1993).

Stocker, M., "Duty and Friendship," Kittay and Meyers(ed.), *Women and Moral Theory*(N. J.: Rowman & Littlefield, 1987).

Stone, L., *The Education Feminism Leader*(N. Y.: Routledge, 1994)

Straughan, R., "Why Act On Kohlberg's Moral Judgment?," Sohan and Celia Modigil(eds.), *Lawrence Kohlgerg: Consensus and Controversy* (Philadelphia and London: The Falmer Press, 1986).

Tarlow B., "Caring: A Negotiated Process That Varies," S. Goldon, P. Benner and N. Noddings(eds.), *Caregiving: Reading in Knowledge, Practice, Ethics, and Politics*(Philadelphia: University of Pennsylvania Press, 1996).

Taylor, J. M. & Gilligan, C. & Sullivan, A. M., *Between Voice and Silence: Women and Girls, Race and Relationship*(Cambridge: Harvard University Press, 1992).

Tong, R., *Feminist Thought: A Comprehensive Introduction*(Colorado: Westview Press, 1989), 이소영 역, 『페미니즘 사상: 종합적 접근』(서울: 한신문화사, 1995).

_____, *Feminine and Feminist Ethics*(California: Wadsworth Publishing Company, 1993).

Tronto, J., *Moral Boundaries: A Political Argument for an Ethic of Care*(N. Y.: Routledge, 1993).

_____, "Beyond Gender Difference to a Theory of Care," Larrabee(ed.), *An Ethic of Care*(N. Y.: Routledge, 1993).

_____, "Care as a Basis for Radical Political Judgments," *Hypatia* 10(Spring), 1995.

Ungerson, C., "Why Do Women Care?," Finch and Groves(ed.), *A Labour of Love*(London: Routledge and Kegan Paul, 1993).

Walker, L. J., "Sex Difference in The Development of Moral Reasoning: A Critical Review," Bill Puka(ed.), *Caring Voices and Women's Moral Frames: Gilligan's View*(N. Y.: Garland Publishing, 1994).

_____, "Sexism in Kohlberg's Moral Psychology," W. K. Kurtines & J. K. Gewirtz, *Moral Development: An Introduction*(Boston: Allyn and Bacon, 1995).

Walker, L. J. & Vries B. & Trevethan, S. D., "Moral Stages and Moral Orientations in Real-Life and Hypothetical Dilemas," Bill Puka(ed.), *Caring Voices and Women's Moral Frames: Gilligan's View*(N. Y.: Garland Publishing, 1994).

Whitebeck, C., "A Different Reality: Feminist Ontology," A. Garry & M. Pearsall(eds.), *Women, Knowledge, and Reality: Explorations in Feminist Philosophy*(Boston: Unwin Hyman, 1989).

Wren, T. E., *Caring about Morality: Philosophical Perspectives in Moral Psychology* (London: Routledge, 1992).

찾아보기